ΙΠΠΟΛΥΤΟΣ & ΠΕΝΘΕΑΣ
Δύο αρνητές ευριπίδειοι ήρωες
και η απήχησή τους στην τέχνη της αρχαιότητας

© Για την ελληνική γλώσσα:
ΙΝΣΤΙΤΟΥΤΟ ΤΟΥ ΒΙΒΛΙΟΥ – Α. ΚΑΡΔΑΜΙΤΣΑ, Αθήνα, 2010
Αθήνα, Ιπποκράτους 8, ΤΚ 106 79
Τηλ.: 210-3615156, Fax: 210-3631100
Ιστοσελίδα: www.kardamitsa.gr
e-mail: info@kardamitsa.gr

ISBN: 978-960-354-257-5

Σελιδοποίηση: ScriptSoft, Ασκληπιού 41, Αθήνα • Τηλ.: 210-92 47 857

ΕΥΑΓΓΕΛΙΑ ΜΙΜΙΔΟΥ
Διδάκτωρ Κλασικής Αρχαιολογίας
του Πανεπιστημίου Αθηνών

ΙΠΠΟΛΥΤΟΣ & ΠΕΝΘΕΑΣ

Δύο αρνητές Ευριπίδειοι Ήρωες
και η απήχησή τους
στην τέχνη της αρχαιότητας

ΙΝΣΤΙΤΟΥΤΟ ΤΟΥ ΒΙΒΛΙΟΥ – Α. ΚΑΡΔΑΜΙΤΣΑ

ΑΘΗΝΑ 2010

ΕΥΧΑΡΙΣΤΙΕΣ

Θερμές ευχαριστίες οφείλω στους ανθρώπους, οι οποίοι πίστεψαν στην αγάπη μου για την επιστήμη της φιλολογίας και της αρχαιολογίας και με παρότρυναν να συνεχίσω το «ταξίδι» που ξεκίνησα ως φοιτήτρια του Ιστορικού-Αρχαιολογικού τμήματος της Φιλοσοφικής Σχολής του Πανεπιστημίου Αθηνών. Αναφέρομαι στους καθηγητές μου, τον κύριο Σ. Γώγο, την Ελ. Σερμπέτη και την κυρία Γ. Ξανθάκη, οι οποίοι βρίσκονται διαρκώς δίπλα μου ενθαρρύνοντας τις προσπάθειές μου. Ένα μεγάλο ευχαριστώ αξίζει και στις εκδόσεις «Καρδαμίτσα» και κυρίως στον κύριο Θάνο Ψυχογιό για την ευγενική του συνδρομή στην έκδοση του παρόντος έργου.

ΠΕΡΙΕΧΟΜΕΝΑ

Α΄ ΜΕΡΟΣ

Ιππόλυτος και Πενθέας: Δύο αρνητές ευριπίδειοι ήρωες και η απήχησή τους στην τέχνη της αρχαιότητας

Ο Ιππόλυτος και ο Πενθέας, δύο ευριπίδειοι ήρωες με μεγάλη α-πήχηση στην τέχνη της αρχαιότητας, παρουσιάζουν αρκετές ομοιό-τητες στον τρόπο προσέγγισης συγκεκριμένων καταστάσεων. Ο Ιπ-πόλυτος στο έργο *Ιππόλυτος* διακρίνεται για την παρθενία του απο-κηρύσσοντας το γάμο, το σαρκικό έρωτα και την Αφροδίτη, ενώ ο Πενθέας στο έργο *Βάκχαι* διακατέχεται από αρνητική προδιάθεση έναντι της λατρείας του νέου θεού, του Διονύσου. Η κατάληξη και των δύο ηρώων είναι τραγική: Ο Ιππόλυτος πεθαίνει εξαιτίας του πατέρα του Θησέα, ο οποίος ζητεί από τον Ποσειδώνα το θάνατο του γιου του και ο Πενθέας θανατώνεται από την ίδια του τη μητέρα και τις θείες του, οι οποίες βρίσκονται σε κατάσταση ένθεης μανίας.

Πιο συγκεκριμένα, στον πρόλογο του *Ιππολύτου* πληροφορού-μαστε διά στόματος Αφροδίτης ότι ο Ιππόλυτος τη θεωρεί χειρότερη από όλους τους θεούς και αποφεύγει τον έρωτα και δεν αγγίζει γάμο: -Ἀφροδίτη: *Ἱππόλυτος...λέγει κακίστην δαιμόνων πεφυκέναι, ἀναίνεται δὲ λέκτρα κοὐ ψαύει γάμων*[1]. Αντίθετα, ο νεαρός άν-δρας τιμά την Άρτεμη, την αδερφή του Φοίβου και κόρη του Δία, την οποία κατατάσσει πρώτη μεταξύ των θεών και την ακολουθεί πάντα στα χλωρά δάση μαζί με τα γοργά σκυλιά και εξολοθρεύει τα αγρίμια του τόπου: -Ἀφροδίτη: *Φοίβου δ᾽ ἀδελφὴν Ἄρτεμιν, Διὸς κόρην, τιμᾷ, μεγίστην δαιμόνων ἡγούμενος. Χλωρὰν δ᾽ ἂν ὕλην παρθένῳ ξυνών ἀεὶ κυσὶν ταχείαις θῆρας ἐξαιρεῖ χθονός*[2]. Η Αφροδίτη εκδικείται τον Ιππόλυτο δημιουργώντας ερωτικά συναι-σθήματα για το άτομό του στη Φαίδρα, τη σύζυγο του Θησέα: -

---

[1] Εὐρ. Ἱππ. 11, 13 - 14.
[2] Εὐρ. Ἱππ. 15 - 18.

12

Ἀφροδίτη: Ἰδοῦσα Φαίδρα καρδίαν κατέσχετο ἔρωτι δεινῷ τοῖς ἐμοῖς βουλεύμασιν³. Ο ίδιος ο Ιππόλυτος απευθύνεται στην Άρτεμη παρουσιάζοντάς της την προσφορά του, ένα πλεκτό στεφάνι, το οποίο έφτιαξε από αμόλυντο λιβάδι: -Ἱππόλυτος: Σοὶ τόνδε πλεκτὸν στέφανον ἐξ ἀκηράτου λειμῶνος, ὦ δέσποινα, κοσμήσας φέρω⁴. Μάλιστα, παρακαλεί τη θεά να δεχτεί την προσφορά από το ευλαβικό του χέρι, επειδή μόνο εκείνος έχει το προνόμιο να είναι μαζί της και να της μιλά χωρίς να την ακούει και χωρίς να τη βλέπει: -Ἱππόλυτος: Ἀλλ', ὦ φίλη δέσποινα, χρυσέας κόμης ἀνάδημα δέξαι χειρὸς εὐσεβοῦς ἄπο. Μόνῳ γάρ ἐστι τοῦτ' ἐμοὶ γέρας βροτῶν. Σοὶ καὶ ξύνειμι καὶ λόγοις ἀμείβομαι, κλύων μὲν αὐδήν, ὄμμα δ' οὐχ ὁρῶν τὸ σόν⁵. Η απέχθεια του Ιππολύτου για την Αφροδίτη είναι έκδηλη σε ένα χωρίο του ευριπίδειου δράματος, στο οποίο ένας γέροντας υπηρέτης τον ρωτά γιατί δε σέβεται την Αφροδίτη και εκείνος απαντά ότι δεν αγαπά τους θεούς, που τους λατρεύουν τη νύχτα: -Θεράπων: Πῶς οὖν σὺ σεμνός, δαίμον' οὐ προσεννέπων;...Τήνδ', ἢ πύλαισι σαῖς ἐφέστηκεν Κύπρις. -Ἱππόλυτος: Οὐδείς μ' ἀρέσκει νυκτὶ θαυμαστὸς θεῶν⁶. Η οργή του νέου κορυφώνεται, όταν η τροφός της Φαίδρας του αποκαλύπτει τον έρωτα της κυρίας της για εκείνον: Χωρίς δεύτερη σκέψη αρχίζει να καταφέρεται εναντίον των γυναικών εκφράζοντας στο Δία την απορία γιατί έβαλε τις γυναίκες, ένα τέτοιο για τους ανθρώπους δολερό κακό, να ζουν στον ηλιόλουστο κόσμο, ενώ δε διστάζει να γίνει ακόμη πιο κυνικός υποστηρίζοντας ότι, αν ο Δίας ήθελε να σπείρει το ανθρώπινο γένος, δεν έπρεπε να βγαίνει από γυναίκες, αλλά οι θνητοί να φέρνουν στους ναούς του χρυσό, σίδηρο ή χαλκό, προκειμένου ο καθένας να αγοράζει το σπέρμα των παιδιών του ανάλογα με ό,τι πληρώνει: -Ἱππόλυτος: Ὦ Ζεῦ, τί δὴ κίβδηλον ἀνθρώποις κακὸν γυναῖκας ἐς φῶς ἡλίου κατῴκισας; Εἰ γὰρ βρότειον ἤθελες σπεῖραι γένος, οὐκ ἐκ γυναικῶν χρῆν παρασχέσθαι τόδε, ἀλλ' ἀντιθέντας σοῖσιν ἐν ναοῖς βροτοὺς ἢ χρυσὸν ἢ σίδη-

---

³ Εὐρ. Ἱππ. 27 – 28.
⁴ Εὐρ. Ἱππ. 73 - 74.
⁵ Εὐρ. Ἱππ. 82 – 86.
⁶ Εὐρ. Ἱππ. 99, 101, 106.

ρον ἢ χαλκοῦ βάρος παίδων πρίασθαι σπέρμα[7]. Για τον Ιππόλυ-
το η γυναίκα είναι μεγάλο κακό, γι' αυτό και ο γονιός της, ο οποίος
την έφερε στον κόσμο και την ανέθρεψε, προσφέρει προίκα και τη
στέλνει μακριά: -Ἱππόλυτος: Τούτῳ δὲ δῆλον ὡς γυνὴ κακὸν μέ-
γα. Προσθεὶς γὰρ ὁ σπείρας τε καὶ θρέψας πατὴρ φερνὰς
ἀπῴκισ', ὡς ἀπαλλαχθῇ κακοῦ[8]. Συγκεκριμένα, θεωρεί κακή στον
τρόπο σκέψης την τροφό της Φαίδρας, η οποία ήρθε να διαπραγμα-
τευτεί μαζί του για την άθικτη κλίνη του πατέρα του: -Ἱππόλυτος:
Ὡς καὶ σὺ γ' ἡμῖν πατρός, ὦ κακὸν κάρα, λέκτρων ἀθίκτων
ἦλθες ἐς συναλλαγάς[9]. Όσο για τον εαυτό του, διατείνεται ότι είναι
αγνός, επειδή ποτέ του δεν άγγιξε γυναίκα και επειδή δε γνωρίζει
αυτή την πράξη παρά μόνο από συζητήσεις και από εικόνες που είδε:
-Ἱππόλυτος: Λέχους γὰρ ἐς τόδ' ἡμέρας ἁγνὸν δέμας. Οὐκ οἶδα
πρᾶξιν τήνδε πλὴν λόγῳ κλύων γραφῇ τε λεύσσων[10]. Ο θάνατός
του προκαλείται από τον ίδιο του τον πατέρα, ο οποίος πιστεύει τις
κατηγόριες, που έγραψε σε βάρος του η Φαίδρα λίγο πριν αυτοκτο-
νήσει: Ο Θησέας νομίζει ότι ο Ιππόλυτος τόλμησε να ατιμάσει την
κλίνη του, καταφρονώντας το ιερό βλέμμα του Δία: -Θησεύς: Ἰὼ
πόλις. Ἱππόλυτος εὐνῆς τῆς ἐμῆς ἔτλη θιγεῖν βίᾳ, τὸ σεμνὸν
Ζηνὸς ὄμμ' ἀτιμάσας[11]. Γι' αυτό το λόγο, ζητεί από τον πατέρα
του, τον Ποσειδώνα, να του ξεπληρώσει τη μια από τις τρεις χάρες,
που του είχε υποσχεθεί και να σκοτώσει το γιο του την ίδια μέρα, αν
όσα του έταξε ισχύουν: -Θησεύς: Ἀλλ', ὦ πάτερ Πόσειδον, ἃς
ἐμοὶ ποτε ἀρὰς ὑπέσχου τρεῖς, μιᾷ κατέργασαι τούτων ἐμὸν
παῖδ', ἡμέραν δὲ μὴ φύγοι τήνδ', εἴπερ ἡμῖν ὤπασας σαφεῖς
ἀράς[12]. Ο θάνατος του Ιππολύτου λαμβάνει χώρα παρὰ θῖν' ἁλός,
όταν ένας ταύρος βγαίνει στη στεριά και προκαλεί τρόμο στα άλογά
του, με αποτέλεσμα να αναποδογυρίσει το άρμα του, να σπάσουν οι
τροχοί, τα σιδερόκαρφα και οι άξονες και ο άμοιρος να μπερδευτεί

---

[7] Εὐρ. Ἱππ. 615 – 622.
[8] Εὐρ. Ἱππ. 627 – 629.
[9] Εὐρ. Ἱππ. 651 – 652.
[10] Εὐρ. Ἱππ. 1003 – 1005.
[11] Εὐρ. Ἱππ. 884 – 886.
[12] Εὐρ. Ἱππ. 887 – 890.

μέσα στα γκέμια και να σύρεται αξεδιάλυτα δεμένος με το κεφάλι του να χτυπιέται στις πέτρες και τις σάρκες του να σχίζονται: - Ἄγγελος: Χώρει πρὸς ἀκτάς, οὗ τέθριππος ἦν ὄχθος, αὐτῷ δὲ σὺν κλύδωνι καὶ τρικυμίᾳ κῦμ' ἐξέθηκε ταῦρον, ἄγριον τέρας...Εὐθὺς δὲ πώλοις δεινὸς ἐμπίπτει φόβος...Εἰ δ' ἐς πέτρας φέροιντο μαργῶσαι φρένας, σιγῇ πελάζων ἄντυγι ξυνείπετο ἐς τοῦθ' ἕως ἔσφηλε κἀνεχαίτισεν, ἀψῖδα πέτρῳ προσβαλών ὀχήματος. Σύμφυρτα δ' ἦν ἅπαντα. Σύριγγές τ' ἄνω τροχῶν ἐπήδων ἀξόνων τ' ἐνήλατα. Αὐτὸς δ' ὁ τλήμων ἡνίαισιν ἐμπλακεὶς δεσμὸν δυσεξήνυστον ἕλκεται δεθείς, σποδούμενος μὲν πρὸς πέτραις φίλον κάρα θραύων τε σάρκας[13]. Προς το τέλος του έργου η Άρτεμη παραδέχεται ότι, αν δε φοβόταν το Δία, δε θα έφτανε ποτέ σε τέτοια αισχύνη να αφήσει να βρει το θάνατο ο πιο αγαπημένος της από όλους τους θνητούς: -Ἄρτεμις: Ἐπεὶ Ζῆνα μὴ φοβουμένη οὐκ ἂν ποτ' ἦλθον ἐς τόδ' αἰσχύνης ἐγὼ ὥστ' ἄνδρα πάντων φίλτατον βροτῶν ἐμοὶ θανεῖν ἐᾶσαι[14]. Ο Ιππόλυτος της απευθύνεται λίγο πριν ξεψυχήσει λέγοντάς της πως δεν έχει πλέον συγκυνηγό ούτε υπηρέτη ούτε ηνίοχο και φρουρό στα αγάλματά της: -Ἱππόλυτος: Οὐκ ἔστι σοι κυναγὸς οὐδ' ὑπηρέτης...Οὐδ' ἱππονώμας οὐδ' ἀγαλμάτων φύλαξ[15].

Σε ό,τι αφορά τον Πενθέα, στον πρόλογο του έργου Βάκχαι ο Διόνυσος επισημαίνει ότι ο προαναφερθείς μάχεται τη λατρεία του, αρνείται να του προσφέρει σπονδές και δεν τον μνημονεύει στις δεήσεις του: -Διόνυσος: Ὃς θεομαχεῖ τὰ κατ' ἐμὲ καὶ σπονδῶν ἄπο ὠθεῖ μ', ἐν εὐχαῖς τ' οὐδαμοῦ μνείαν ἔχει[16]. Σε επόμενο χωρίο του δράματος ο Πενθέας δηλώνει ότι θεωρεί ανήκουστα τα κακά που συνέβησαν στην πόλη, ότι δηλαδή οι γυναίκες της Θήβας έφυγαν μακριά από τα σπίτια τους για ψεύτικες βακχείες και ότι έχουν εγκατασταθεί σε πυκνά δάση βουνών και τιμάν χορεύοντας το νέο θεό, το Διόνυσο, όποιος και να είναι αυτός: -Πενθεύς: Νεοχμὰ τήνδ' ἀνὰ πτόλιν κακά, γυναῖκας ἡμῖν δώματ' ἐκλελοιπέναι πλασταῖσι

---

[13] Εὐρ. Ἱππ. 1212 – 1214, 1218, 1230 – 1239.
[14] Εὐρ. Ἱππ. 1331 – 1334.
[15] Εὐρ. Ἱππ. 1397 - 1399.
[16] Εὐρ. Βάκ. 45 – 46.

βακχείαισιν, ἐν δὲ δασκίοις ὄρεσι θοάζειν, τὸν νεωστὶ δαίμονα Διόνυσον, ὅστις ἔστι, τιμώσας χοροῖς[17]. Μάλιστα, υπόσχεται ότι θα κυνηγήσει στο βουνό και θα δέσει με συρματοπλέγματα την Ινώ, την Αγαύη, η οποία είναι μητέρα του και έμεινε έγκυος από τον Εχίονα, καθώς και την Αυτονόη, τη μητέρα του Ακταίωνα, ούτως ώστε να σταματήσουν να τελούνται οι κακές βακχείες: -Πενθεύς: Ἰνὼ τ᾽ Ἀγαύην θ᾽, ἥ μ᾽ ἔτικτ᾽ Ἐχίονι, Ἀκταίονός τε μητέρ᾽, Αὐτονόην λέγω. Καὶ σφᾶς σιδηραῖς ἁρμόσας ἐν ἄρκυσιν παύσω κακούργου τῆσδε βακχείας τάχα[18]. Επίσης, καταφέρεται εναντίον του λυδού μάγου[19], ο οποίος ήρθε μέσα στη Θήβα, λέι τραγούδια και οι ξανθοί του βόστρυχοι μοσχοβολούν: -Πενθεύς: Λέγουσι δ᾽ ὥς τις εἰσελήλυθε ξένος, γόης ἐπωδὸς Λυδίας ἀπὸ χθονός, ξανθοῖσι βοστρύχοισιν εὐοσμῶν κόμην[20]. Ο συγκεκριμένος άνδρας διαδίδει ότι ο Διόνυσος είναι παντού και ότι τον έραψαν κάποτε στο μηρό του Δία: -Πενθεύς: Ἐκεῖνος εἶναί φησι Διόνυσον θεόν, ἐκεῖνος ἐν μηρῷ ποτ᾽ ἐρράφθαι Διός[21]. Ο Πενθέας δίνει εντολή να σπεύσουν και να του βρουν το θηλυπρεπή ξένο και μόλις τον συλλάβουν να του τον φέρουν δεμένο, προκειμένου να δικαστεί και να θανατωθεί με λιθοβολισμό στους δρόμους: -Πενθεύς: Οἱ δ᾽ ἀνὰ πόλιν στείχοντες ἐξιχνεύσατε τὸν θηλύμορφον ξένον...κἄνπερ λάβητε, δέσμιον πορεύσατε δεῦρ᾽ αὐτόν, ὡς ἂν λευσίμου δίκης τυχὼν θάνῃ[22]. Ο Διόνυσος μεταμφιεσμένος σε λυδό μάγο χαρακτηρίζει τον Πενθέα άπιστο, προκειμένου να του καταστήσει σαφές ότι γι᾽ αυτό το λόγο δε βλέπει ότι ο θεός είναι κοντά τους: -Διόνυσος: Σύ δ᾽ ἀσεβὴς αὐτὸς ὢν οὐκ εἰσορᾷς[23]. Ο Πενθέας θεωρεί την προσβλητική πράξη των Βακχών μεγάλη ντροπή για τους Έλληνες και προτρέπει τους πολεμιστές της πόλης να τις χτυπήσουν: -Πενθεύς: Ὕβρισμα βακχῶν, ψόγος ἐς Ἕλληνας μέγας...Κέλευε πάντας

---

[17] Εὐρ. Βάκ. 216 – 220.
[18] Εὐρ. Βάκ. 229 – 232.
[19] Στο έργο Βάκχαι ο Διόνυσος είναι μεταμφιεσμένος σε λυδό μάγο.
[20] Εὐρ. Βάκ. 233 – 235.
[21] Εὐρ. Βάκ. 242 – 243.
[22] Εὐρ. Βάκ. 352 – 353, 355 – 357.
[23] Εὐρ. Βάκ. 502.

ἀσπιδηφόρους ἵππων τ᾽ ἀπαντᾶν ταχυπόδων ἐπεμβάτας πέλτας
θ᾽ ὅσοι πάλλουσι καὶ τόξων χερὶ ψάλλουσι νευράς, ὡς
ἐπιστρατεύσομεν βάκχαισιν[24]. Ο θάνατος του προαναφερθέντα
προετοιμάζεται από το λυδό μάγο, δηλαδή το Διόνυσο, ο οποίος τον
ανεβάζει όρθιο επάνω σε έλατο και καλεί τις Μαινάδες να τον τιμω-
ρήσουν, επειδή χλευάζει τις ίδιες, το Διόνυσο και τις εορτές: -
Ἄγγελος: Ὡς κλῶν᾽ ὄρειον ὁ ξένος χεροῖν ἄγων ἔκαμπτεν ἐς
γῆν, ἔργματ᾽ οὐχὶ θνητὰ δρῶν. Πενθέα δ᾽ ἱδρύσας ἐλατίνων
ὄζων ἔπι, ὀρθὸν μεθίει...(Διόνυσος): Ὦ νεάνιδες, ἄγω τὸν ὑμᾶς
κἀμὲ τἀμὰ τ᾽ ὄργια γέλων τιθέμενον. Ἀλλὰ τιμωρεῖσθέ νιν[25].
Πρώτη η μητέρα του, ιέρεια του φόνου, ξεκινά την τελετή ορμώντας
επάνω του: -Ἄγγελος: Πρώτη δὲ μήτηρ ἦρξεν ἱερέα φόνου καὶ
προσπίτνει νιν[26]. Συγκεκριμένα, τον πιάνει από το βραχίονα του
αριστερού χεριού πατώντας επάνω στα πλευρά και διαμελίζοντας
τον ώμο του δύσμοιρου: -Ἄγγελος: Λαβοῦσα δ᾽ ὠλένης ἀριστερὰν
χέρα, πλευραῖσιν ἀντιβᾶσα τοῦ δυσδαίμονος ἀπεσπάραξεν
ὦμον[27]. Παράλληλα, η Ινώ κάνει τη δουλειά της ξεσχίζοντας τις
σάρκες του μαζί με την Αυτονόη και όλες τις Βάκχες: -Ἄγγελος:
Ἰνὼ δὲ τἀπὶ θάτερ ἐξειργάζετο, ῥηγνῦσα σάρκας, Αὐτονόη τ᾽
ὄχλος τε πᾶς ἐπεῖχε βακχῶν[28]. Το αποτέλεσμα είναι να μοιραστεί
το διαμελισμένο σώμα στις Βάκχες, εκ των οποίων η μία κρατά κομ-
μένο χέρι, η άλλη πόδι με υπόδημα και η πιο τραγική, η μητέρα του
Πενθέα, το άθλιο κεφάλι του, το οποίο παίρνει στα χέρια, το βάζει
στο θύρσο της και το περιφέρει στα μονοπάτια του Κιθαιρώνα λέγο-
ντας πως είναι κεφάλι λιονταριού από το βουνό: -Ἄγγελος: Ἔφερε
δ᾽ ἧ μὲν ὠλένην, ἧ δ᾽ ἴχνος αὐταῖς ἀρβύλαις...Κρᾶτα δ᾽ ἄθλιον,
ὅπερ λαβοῦσα τυγχάνει μήτηρ χεροῖν, πήξασ᾽ ἐπ᾽ ἄκρον θύρσον
ὡς ὀρεστέρου φέρει λέοντος διὰ Κιθαιρῶνος μέσου[29].

---

[24] Εὐρ. Βάκ. 779, 781 – 785.
[25] Εὐρ. Βάκ. 1068 – 1071, 1079 – 1081.
[26] Εὐρ. Βάκ. 1114 – 1115.
[27] Εὐρ. Βάκ. 1125 – 1127.
[28] Εὐρ. Βάκ. 1129 – 1131.
[29] Εὐρ. Βάκ. 1133 – 1134, 1139 – 1142.

Όπως είναι λογικό εξαιτίας της απήχησης των ευριπίδειων δραμάτων *Ιππόλυτος* και *Βάκχαι*, η επίδραση επεισοδίων σχετιζόμενων με τον Ιππόλυτο και τον Πενθέα στην τέχνη της αρχαιότητας υπήρξε σημαντική.

Σε ό,τι αφορά το πρώτο έργο του Ευριπίδη, φαίνεται ότι ενέπνευσε σε μεγάλο βαθμό τους καλλιτέχνες της αρχαιότητας, οι οποίοι απεικόνιζαν με μεγάλη συχνότητα την αγάπη του Ιππολύτου για το κυνήγι, την απόδοση προσφορών στην Άρτεμη, την απέχθειά του προς τις γυναίκες και το θάνατό του.

Το θέμα του Ιππολύτου ως κυνηγού πρέπει να ήταν προσφιλές από το 2° μέχρι τον 5° μ.Χ. αιώνα, όπως προκύπτει από την απεικόνισή του σε ρωμαϊκές και αττικές σαρκοφάγους και σε ένα μωσαϊκό δάπεδο από την Αντιόχεια. Στις σαρκοφάγους απαντούν οι διάφορες φάσεις του κυνηγιού: α.Η προετοιμασία του Ιππολύτου για το κυνήγι: Σε μια ρωμαϊκή σαρκοφάγο του 180 – 190 μ.Χ. (εικ.1)[30] έχει απεικονιστεί σε ένα σημείο της ο Ιππόλυτος να κρατά με το αριστερό χέρι από το χαλινάρι ένα άλογο και με το δεξί ένα δόρυ, ενώ πίσω του βρίσκεται ένας άνδρας, που κρατά ένα δίχτυ στον ώμο. Σε άλλο σημείο της ίδιας σαρκοφάγου ο Ιππόλυτος στηρίζεται στο δόρυ του και μπροστά του ένας άλλος άνδρας κρατά από το λουρί ένα σκυλί. Το γεγονός ότι η συγκεκριμένη παράσταση χρονολογείται στο 2° μ.Χ. αιώνα δεν αναιρεί την επίδραση του έργου του Ευριπίδη, - *Ἀφροδίτη: Ἀλλ', εἰσορῶ γὰρ τόνδε παῖδα Θησέως στείχοντα, θήρας μόχθον ἐκλελοιπότα, Ἱππόλυτον, ἔξω τῶνδε βήσομαι τόπων. -Ἱππόλυτος: Τράπεζα πλήρης. Καὶ καταψύχειν χρεὼν ἵππους, ὅπως ἂν ἅρμασιν ζεύξας ὑπὸ βορᾶς κορεσθεὶς γυμνάσω τὰ πρόσφορα. -Χορός: Οὐκέτι συζυγίαν πώλων Ἑνετᾶν ἐπιβάσῃ τὸν ἀμφὶ Λίμνας τροχὸν κατέχων ποδὶ γυμνάδος ἵππου*[31], η ο-

---

[30] P. L. de Bellefonds, *"Hippolytos"*, *LIMC* V 1, Artemis Verlag, Zürich und München 1990, σ.447/ *LIMC* V 2, Artemis Verlag, Zürich und München 1990, σ.316, εικ.9 a, 9 b/ H.Sichtermann – G.Koch, *Griechische Mythen auf Römischen Sarkophagen*, E.Wasmuth, Tübingen 1975, σσ.33 - 34, εικ.56, 1, 57, 1, κατ.26.

[31] -Αφροδίτη: Να, βλέπω τον Ιππόλυτο, το τέκνο του Θησέα, που έχει τελειώσει με τους κόπους του κυνηγιού και προς τα εδώ πλησιάζει, -Ιππόλυτος: Πρέπει ακόμη τα άλογά μου να μου ξυστρίσετε για να τα ζέψω στο άρμα κι όταν φάω και

ποία πιθανότατα προέρχεται από μεταγενέστερες φιλολογικές πηγές, που κάνουν λόγο για την αγάπη του νέου για το κυνήγι, όπως ο Οβίδιος και ο Σενέκας: *Est mihi per saevas impetus ire feras. Iam mihi prima dea est arcu praesignis adunco Delia. Iudicium subsequor ipsa tuum. In nemus ire libet pressisque in retia cervis hortari celeries per iuga summa canes, aut tremulum excusso iaculum vibrare lacerto, aut in graminea ponere corpus humo... Seu lentum valido torques hastile lacerto, ora ferox in se versa lacertus habet, sive tenes lato venabula cornea ferro... Ipsa comes veniam, nec me latebrosa movebunt saxa neque oblique dente timendus aper... Silvaque perdendas praebeat alta feras... Sic faveant Satyri montanaque numina Panes, et cadat adversa cuspide fossus aper*[32]. *-Hippolytus: Ite, umbrosas cingite silvas summaque montis iuga Cecropii!...At vos laxas canibus tacitis mittite habenas...Veniet tempus, cum latratu cava saxa sonent. Nunc demissi nare sagaci captent auras lustraque presso quaerant rostro, dum lux dubia est, dum signa pedum roscida tellus impressa tenet....Alius raras cervice gravi portare plagas, alius tereteas properet laqueos. Picta rubenti linea pinna vano claudat terrore feras. Tibi libretur missile telum, tu grave dextra laevaque simul robur lato derige ferro. Tu precipites clamore feras subssesor ages. Tu iam victor curvo solves viscera culto, - Hippolytus:...ut dura tolerent, cursibus domitent equos...Non alia magis est libera et vilio carens ritusque melius vita quae priscos colat, quam quae relictis moenibus silvas amat. Non illum avarae mentis inflammat furor qui se dicavit montium insontem iugis*[33].

χορτάσω, θα τα γυμνάσω καθώς πρέπει. -Χορός: Κι ούτε θα ανέβεις σε ζευγάρι βενετικά πουλάρια γύρω στης Λίμνης τον ιππόδρομο γυμνάζοντας με το πόδι τα άλογα: Εὐρ. Ἱππ. 51 – 53, 110 – 112, 1131 – 1133, βλ. και υποσημ.2, υποσημ.15. ***Για τη μετάφραση των στίχων από το έργο *Ιππόλυτος* και από το έργο *Βάκχαι* βλ. εκδόσεις «Κάκτος».**

[32] Ὀβίδ. *Her.* IV, 38 – 43: Η Φαίδρα τον ακολουθεί στο κυνήγι/ Ὀβίδ. *Her.* IV, 81 – 83: Τον κοιτάζει να ιππεύει και επιθυμεί να είναι χωρίς φόβο μαζί του στο κυνήγι: Ὀβίδ. *Her.* IV, 103 – 104/ Ο Ιππόλυτος κυνηγά στα δάση κοντά στους Σατύρους και στον Πάνα: Ὀβίδ. *Her.* IV, 170 – 172.

[33] Σεν. *Ph.*, 1, 2, 31, 32, 38 – 42, 44 – 54, 464, 483 – 487/ βλ. και Σεν. *Ph.* 1-84, 464, 483 – 520.

β.Ο Ιππόλυτος κατά τη διάρκεια του κυνηγιού: Σε μια αττική σαρκοφάγο του δεύτερου τέταρτου του 3ου μ.Χ. αιώνα (εικ.2)[34] διακρίνονται πέντε κυνηγοί, οι οποίοι προσπαθούν να σκοτώσουν έναν αγριόχοιρο με τη βοήθεια των σκυλιών τους. Ο έφιππος κυνηγός πρέπει να είναι ο Ιππόλυτος, ο οποίος απεικονίστηκε πάνω σε άλογο, προκειμένου να ξεχωρίζει από τους υπόλοιπους κυνηγούς, σύμφωνα με τη λογική άποψη του Bellefonds[35]. Και σε αυτή τη σαρκοφάγο η επίδραση του Ευριπίδη πρέπει να προέρχεται από μεταγενέστερες φιλολογικές πηγές, όπως ο Οβίδιος και ο Σενέκας[36].

γ.Ο Ιππόλυτος μετά το κυνήγι: Σε αττικές σαρκοφάγους του τρίτου τέταρτου του 2ου μ.Χ. αιώνα (εικ.3)[37] παριστάνεται ο Ιππόλυτος καθισμένος και απέναντί του ένας άνδρας, που μεταφέρει ένα σκοτωμένο αγριόχοιρο[38].

Σε ένα μωσαϊκό δάπεδο από την Αντιόχεια των μέσων του 5ου μ.Χ. αιώνα (εικ.4)[39] έχει απεικονιστεί ο Ιππόλυτος, του οποίου το όνομα είναι γραμμένο δεξιά του, να σημαδεύει με δόρυ ένα ζώο δυσδιάκριτο λόγω φθοράς του μωσαϊκού. Σαφώς και η συγκεκριμένη απεικόνιση παραπέμπει στα χωρία του ευριπίδειου δράματος, στα οποία γίνεται λόγος για την αγάπη του νέου για το κυνήγι[40]. Για την αγάπη του Ιππολύτου για το κυνήγι κάνουν λόγο και μεταγενέστερες

---

[34] "Hippolytos", ό.π., σ.447/ LIMC V 2, σ.316, εικ.10/ Griechische Mythen auf Römischen Sarkophagen, ό.π., σσ.394 – 398, εικ.426/ P.L. de Bellefonds, Sarcophages attiques de la nécropole de Tyr. Une étude iconographique, Editions recherché sur les civilizations, Paris 1985, σ.146, εικ.56, 1.

[35] Sarcophages attiques de la nécropole de Tyr. Une étude iconographique, ό.π., σ.146.

[36] βλ. παραπάνω υποσημ.32, 33.

[37] Sarcophages attiques de la nécropole de Tyr. Une étude iconographique, ό.π., σσ.127 - 128, εικ.45, 46.

[38] Για περισσότερες παραστάσεις με τον Ιππόλυτο κατά τη διάρκεια του κυνηγιού βλ. Sarcophages attiques de la nécropole de Tyr. Une étude iconographique, ό.π., σσ.146 – 149, εικ.56 – 58.

[39] "Hippolytos", ό.π., σ.447/ LIMC V 2, σ.316, εικ.8/ D.Levi, Antioch Mosaic Pavements, USA 1967, σ.338, εικ.136, εικ.78 c.

[40] βλ. παραπάνω υποσημ.31.

20

πηγές, οι οποίες βρίσκονται πιο κοντά χρονολογικά στο μωσαϊκό, όπως ο Οβίδιος[41] και ο Σενέκας[42].

Υπάρχουν και παραστάσεις με το νεαρό άνδρα με προσφορές μπροστά στο άγαλμα της Άρτεμης, οι οποίες υπαινίσσονται το σεβασμό του προς την προαναφερθείσα θεά. Το συγκεκριμένο θέμα απαντά αρκετά συχνά σε σφραγίδες της Αυτοκρατορικής Περιόδου (27 π.Χ. – τέλος ρωμαϊκού κράτους) και σε ρωμαϊκές σαρκοφάγους του 3^{ου} μ.Χ. αιώνα[43]. Σε μια ρωμαϊκή σφραγίδα του 1^{ου} μ.Χ. αιώνα (εικ.5)[44] παριστάνεται ο Ιππόλυτος γυμνός με δύο δόρατα στο αριστερό χέρι να κοιτάζει το άγαλμα της Άρτεμης, το οποίο είναι τοποθετημένο πάνω σε μια σπηλιά. Κάτω από το άγαλμα υπάρχουν προσφορές: Γιρλάντα, κεφάλι αγριόχοιρου και κεφάλι από ελάφι. Επίσης, στο αριστερό χέρι του αγάλματος είναι περασμένο ένα στεφάνι. Την αφοσίωση του Ιππολύτου στη θεά του κυνηγιού μαθαίνουμε στον πρόλογο του ευριπίδειου έργου[45]. Σε ό,τι αφορά το στεφάνι, που είναι περασμένο στο χέρι της θεάς, παραπέμπει στο πλεχτό στεφάνι, που της προσέφερε ο Ιππόλυτος[46]. Για την αφοσίωση του Ιππολύτου στην Άρτεμη κάνει λόγο και μια πηγή σχεδόν σύγχρονη με τη συγκεκριμένη παράσταση, ο Σενέκας: *Nutrix: Ipsum intuor sollemne venerantem sacrum nullo latus comitante*[47].

Σε δύο ρωμαϊκές σαρκοφάγους των αρχών του 3^{ου} μ.Χ. αιώνα (εικ.6 α, β)[48] έχει απεικονιστεί ο Ιππόλυτος με ένα αγγείο στο δεξί χέρι να προσφέρει σπονδή στην Άρτεμη το άγαλμα της οποίας βρί-

---

[41] βλ. παραπάνω υποσημ.32.

[42] βλ. παραπάνω υποσημ.33.

[43] βλ. "Hippolytos", ό.π., σ.461, Commentaire.

[44] "Hippolytos", ό.π., σ.448/ LIMC V 2, σ.317, εικ.19.

[45] βλ. παραπάνω υποσημ.2.

[46] βλ. υποσημ.4, 5.

[47] Σεν. Ph. 424 – 425.

[48] C.Robert, Die antiken Sarkophagreliefs, τ.ΙΙΙ, 2, G,Grote, Germany 1897, εικ.LΙΙ, v.167 a, εικ.LV, v.171 a/ K.Weitzmann, "Euripides scenes in Byzantine Art", Hesperia 18, 1949, σσ.194 - 195, εικ.30, 21, 22/ Griechische Mythen auf Römischen Sarkophagen, ό.π., σσ.34 – 36, εικ.61, 1, κατ.27, εικ.64, 2, κατ.29.

σκεται απέναντι από το βωμό. Σύμφωνα με την άποψη του Robert[49], ο καλλιτέχνης δεν απεικόνισε τον Ιππόλυτο να προσφέρει στεφάνι στη θεά, επειδή πιθανότατα είχε κατά νου να αποδώσει έναν πιο συνηθισμένο τύπο θυσίας, τη σπονδή. Εξάλλου, οι συγκεκριμένες παραστάσεις βρίσκονται πιο κοντά χρονολογικά στη *Phaedra* του Σενέκα, όπου πληροφορούμαστε ότι ο Ιππόλυτος λάτρευε τη θεά χωρίς να γίνεται απαρίθμηση των προσφορών του σε αυτή[50].

Η απέχθεια του νεαρού άνδρα προς τις γυναίκες και προς τον έρωτα είναι έκδηλη σε απεικονίσεις σχετιζόμενες με την αποκάλυψη του μυστικού της Φαίδρας στον Ιππόλυτο με τη μεσολάβηση της τροφού. Άλλοτε οι παραστάσεις αυτές περιορίζονται στα βασικά πρόσωπα – τη Φαίδρα, την τροφό και τον Ιππόλυτο – και άλλοτε είναι πολυπρόσωπες: Εκτός από τη Φαίδρα, την τροφό και τον Ιππόλυτο περιλαμβάνουν υπηρέτριες της Φαίδρας και συγκυνηγούς του Ιππολύτου[51].

Ολιγοπρόσωπες παραστάσεις απαντούν σε τοιχογραφίες του 1ου μ.Χ. αιώνα από την Πομπηία και σε ένα μωσαϊκό από την Αντιόχεια των μέσων του 2ου μ.Χ. αιώνα[52]. Σε μια κατεστραμμένη τοιχογραφία

---

[49] βλ. υποσημ.48.

[50] βλ. παραπάνω υποσημ.47.

[51] Εκτός από αυτές υπάρχουν και παραστάσεις με την αποκάλυψη του μυστικού της Φαίδρας στον Ιππόλυτο χωρίς παρέμβαση της τροφού. Σε αυτές ο Ιππόλυτος κρατά ένα γράμμα και χρονολογούνται στους πρώτους μεταχριστιανικούς αιώνες. Η πηγή, από την οποία πρέπει να έχουν δεχτεί επίδραση, είναι οι *Heroides* του Οβιδίου, όπου η Φαίδρα γράφει ένα γράμμα στον Ιππόλυτο, με το οποίο του αποκαλύπτει τα συναισθήματά της: βλ. Όβίδ. *Her.* IV, 3: *Perlege, quodcumque est –quid epistula lecta nocebit?* Η Φαίδρα γράφει γράμμα στον Ιππόλυτο. *Dicere quae puduit, scribere iussit amor:* Όβίδ. *Her.* IV, 10: Η Φαίδρα παραδέχεται ότι η αγάπη τη «διέταξε» να γράψει το γράμμα. Για εικονογραφικό υλικό βλ. Ε.Μιμίδου, «*Η αποκάλυψη του μυστικού της Φαίδρας στον Ιππόλυτο: Η επίδραση του συγκεκριμένου θέματος στην τέχνη*», *Επιστημονική Επετηρίς της Φιλοσοφικής Σχολής του Πανεπιστημίου Αθηνών*, ΤΟΜ. Μ', Αθήνα 2009, σσ.181 – 186.

[52] Για τις τοιχογραφίες βλ. αναλυτικά *"Hippolytos"*, ό.π., σσ.450 – 45, εικ.41, 46, 47.

από την Πομπηία του τρίτου στυλ -1ος μ.Χ. αιώνας- (εικ.7)[53] παρι-
στάνεται η Φαίδρα καθισμένη σε ένα θρόνο, να στηρίζει το κεφάλι
της με το αριστερό της χέρι. Δεξιά της η τροφός με μια βεντάλια στο
αριστερό χέρι μιλά στον Ιππόλυτο, ο οποίος κάνει μια χειρονομία
άρνησης με το δεξί του χέρι[54]. Στα πόδια του διακρίνεται ένας σκύ-
λος. Προφανώς, πρόκειται για τη στιγμή της αποκάλυψης του φοβε-
ρού μυστικού της Φαίδρας στον Ιππόλυτο. Αν συγκρίνουμε την τοι-
χογραφία με το κείμενο, θα δούμε ότι υπάρχουν διαφορές: Στο κεί-
μενο η αποκάλυψη γίνεται στο εσωτερικό του παλατιού απουσία της
Φαίδρας, η οποία βρίσκεται έξω από το παλάτι με τις γυναίκες του
χορού, -Χορός: Ὤμοι ἐγὼ κακῶν. Προδέδοσαι, φίλα. Τὶ σοὶ μή-
σομαι; Τὰ κρυπτὰ γὰρ πέφηνε, διὰ δ' ὄλλυσαι[55], ενώ στην τοιχο-
γραφία η αποκάλυψη γίνεται μπροστά στα μάτια της Φαίδρας, η ο-
ποία έχει απεικονιστεί προβληματισμένη. Στο κείμενο, όταν ο Ιππό-
λυτος μαθαίνει το φοβερό μυστικό, αρχίζει να εξαπολύει ύβρεις κατά
των γυναικών[56], ενώ στην τοιχογραφία κάνει μια χειρονομία άρνη-
σης, η οποία δεν αποδίδει ακριβώς την αγανάκτησή του και το μέγε-
θός της. Σε ό,τι αφορά τη φιλολογική παράδοση, μόνο ο Ευριπίδης
διηγείται ότι το μυστικό της Φαίδρας αποκαλύφθηκε στον Ιππόλυτο
από την τροφό[57], πράγμα το οποίο δεν αναφέρεται καθόλου από τις
πηγές της Ελληνιστικής και Ρωμαϊκής Περιόδου, στις οποίες η ίδια η
Φαίδρα αποκαλύπτει την αγάπη της στον Ιππόλυτο είτε προφορικά[58]
είτε με γράμμα[59].

_____

[53] "Hippolytos", ό.π., σ.450, εικ.41/ K.Schefold, Die Wände Pompejis: Topo-
graphisches ver zeichnis der Bildmotive, Walter de Gruyter and Co., Berlin
1957,σ.239/ J.M.Croisille, Poésie et art figuré de Néron aux Flaviens: Recherches
sur l' iconographie et la correspondance des arts à l'époque impériale, Latomus
v.179, Bruxelles 1982, σ.82, v.36, εικ.26, 2.

[54] "Hippolytos", ό.π., σ.450.

[55] -Χορός: Ω! Δυστυχία μου, συμφορές. Σε πρόδωσαν. Τί να σκεφτώ, καλή
μου, να σε σώσω; Τα μυστικά φανέρωσε και σε αφανίζουν: Εὐρ. Ἱππ. 591 – 593
και βλ. Εὐρ. Ἱππ. 565 κ.ε.

[56] βλ. υποσημ.7 – 9 και Εὐρ. Ἱππ. 616 – 668.

[57] βλ. Εὐρ. Ἱππ. 581 – 606/ "Hippolytos", ό.π., σ.446.

[58] βλ. Σεν. Ph. 706 – 718.

[59] βλ. παραπάνω υποσημ.51.

Σε ένα μωσαϊκό από την Αντιόχεια των μέσων του 2^{ου} μ.Χ. αιώνα (εικ.8)[60] παριστάνεται δεξιά ο Ιππόλυτος να πετά στο έδαφος ένα δίπτυχο. Αριστερά έχει απεικονιστεί η τροφός, η οποία δείχνει τη Φαίδρα, που βρίσκεται μπροστά από ένα άγαλμα της Αφροδίτης[61]. Και αυτή η σύνθεση παρεκκλίνει από το έργο του μεγάλου τραγικού. Φαίνεται ότι ο καλλιτέχνης έχει κάνει συνδυασμό στοιχείων του ευ-ριπίδειου δράματος, όπως η τροφός και το άγαλμα της Αφροδίτης[62], Ἱππόλυτος: Ὤμοι. Φρονῶ δὴ δαίμον' ἥ μ' ἀπώλεσεν[63] και μεταγε-νέστερων φιλολογικών πηγών[64], όπως το δίπτυχο, που πετά ο Ιππό-λυτος και πιθανότατα συμβολίζει το γράμμα, το οποίο έγραψε η Φαίδρα στο νέο, προκειμένου να του αποκαλύψει τον έρωτά της, σύμφωνα με τις *Heroides* του Οβιδίου[65].

Ας περάσουμε τώρα στις πολυπρόσωπες συνθέσεις, οι οποίες α-παντούν σε ρωμαϊκές τοιχογραφίες του 1^{ου} μ.Χ. αιώνα, σε σαρκοφά-γους του 3^{ου} μ.Χ. αιώνα και σε μωσαϊκό του 4^{ου} μ.Χ. αιώνα: Σε μια ρωμαϊκή τοιχογραφία της εποχής του Νέρωνα (εικ.9)[66] παριστάνεται στα αριστερά η Φαίδρα καθισμένη με τρεις υπηρέτριες γύρω της, οι οποίες την προτρέπουν με χειρονομίες να κοιτάξει δεξιά. Κοντά της βρίσκεται και ένας μικρός Έρωτας, ο οποίος δείχνει προς τα δεξιά και πιο δίπλα η τροφός συζητά με τον Ιππόλυτο[67]. Αριστερά του νέ-ου διακρίνονται δύο κυνηγοί με ένα άλογο, καθώς και ένας νεαρός υπηρέτης με σκυλιά. Σε αυτή την παράσταση φαίνεται ότι ο καλλιτέ-χνης έχει δεχτεί, ως ένα βαθμό, την επίδραση του ευριπίδειου δρά-

[60] "Hippolytos",ό.π., σ.451/ *LIMC* V 2, σ.319, εικ.48/ *Antioch Mosaic Pave-ments*, ό.π., σσ.71 – 75, εικ.29.

[61] "Hippolytos", ό.π., σ.451.

[62] βλ. υποσημ.3.

[63] -Ιππόλυτος: Αχ, με θανάτωσε αυτή (η Αφροδίτη), το ξέρω: Εὐρ. Ἱππ. 1401.

[64] *Antioch Mosaic Pavements*, ό.π., σ.72.

[65] βλ. παραπάνω υποσημ.51.

[66] "Hippolytos", ό.π., σ.450, εικ.42/ S.Reinach, *Répertoire de Peintures Grec-ques et Romaines*, E.Leroux, Paris 1922, σ.209, εικ.4/ *Poésie et art figuré de Néron aux Flaviens: Recherches sur l' iconographie et la correspondance des arts à l'époque impériale*, ό.π., σσ.81 - 82, ν.36 e, εικ.29, 1.

[67] "Hippolytos", ό.π., σ.450, εικ.42.

24

ματος, δεδομένου ότι η τροφός έχει απεικονιστεί να αποκαλύπτει το μυστικό της Φαίδρας στον Ιππόλυτο: Οι γυναίκες, που περιστοιχί-ζουν τη Φαίδρα, θα μπορούσαν να συνδεθούν με τις γυναίκες του χορού, οι οποίες συζητούν στο ευριπίδειο έργο με τη βασίλισσα έξω από το παλάτι, καθώς στο εσωτερικό του ανακτόρου η τροφός ανα-κοινώνει τη φοβερή είδηση στον Ιππόλυτο[68]. Το γεγονός, όμως, ότι η τροφός ανακοινώνει, σύμφωνα με το κείμενο του Ευριπίδη, τη φοβε-ρή είδηση στον Ιππόλυτο εντός του παλατιού, έρχεται σε αντίθεση με τον τρόπο απεικόνισής τους: Σε εξωτερικό χώρο, παρουσία κυνη-γών, αλόγου, σκύλων και νεαρού υπηρέτη. Ότι η παράσταση απέχει αρκετά χρονολογικά από το έργο του Ευριπίδη καθιστά πιθανή την επίδρασή του μέσω μεταγενέστερων φιλολογικών πηγών. Το πρό-βλημα είναι ότι καμία από τις μεταγενέστερες φιλολογικές πηγές δεν αναφέρει ότι η τροφός αποκάλυψε στον Ιππόλυτο το μυστικό της κυρίας της. Μόνο ο Σενέκας την έχει συμπεριλάβει στα πρόσωπα του έργου του *Phaedra*, χωρίς, όμως, να τη βάζει να φανερώσει το μυστικό[69].

Σε μια σαρκοφάγο από τη Λιβύη του 3ου μ.Χ. αιώνα (εικ.10)[70] παριστάνεται στα αριστερά η Φαίδρα καθισμένη με μια υπηρέτρια να της λέει κάτι στο αυτί. Με το αριστερό της χέρι κρατά το χέρι ε-νός μικρού Έρωτα, ο οποίος στηρίζεται στα γόνατά της[71]. Πιο δίπλα η τροφός μιλά στον Ιππόλυτο και πίσω της βρίσκεται μια άλλη υπη-ρέτρια. Ο Ιππόλυτος με το αριστερό χέρι κρατά το δόρυ και με το δεξί το πλακίδιο, που του έδωσε η τροφός. Στα αριστερά του βρίσκε-ται το άλογό του και δύο συγκυνηγοί του με ένα σκύλο. Σε αυτή την παράσταση οι γυναίκες, που έχουν απεικονιστεί κοντά στη Φαίδρα, ενδεχομένως συμβολίζουν τις γυναίκες του χορού του ευριπίδειου

[68] βλ. Εὐρ. Ἱππ. 565 – 600.

[69] βλ. υποσημ.58.

[70] "Hippolytos", ό.π., σ.452, εικ.54/ *Die antiken Sarkophagreliefs*, ό.π., τ.III, 2, ν.151, εικ.46/ "Euripides scenes in Byzantine Art", *Hesperia* 18, ό.π., σ.193, εικ.30, 18/ G.Koch – H.Sichtermann, *Römische Sarkophage*, Beck, München 1982, σ.396.

[71] "Euripides scenes in Byzantine Art", *Hesperia* 18, ό.π., σ.193.

δράματος[72], οι οποίες συζητούν μαζί της έξω από το παλάτι, την ώρα που η τροφός αποκαλύπτει στον Ιππόλυτο το φοβερό μυστικό στο εσωτερικό του παλατιού. Και σε αυτή την απεικόνιση η αποκάλυψη γίνεται σε εξωτερικό χώρο, ο οποίος δηλώνεται με την παρουσία του αλόγου, του σκύλου και των συγκυνηγών του Ιππόλυτου. Το πλακίδιο, που κρατά ο Ιππόλυτος, μπορεί να συμβολίζει το γράμμα, που του έγραψε η Φαίδρα, σύμφωνα με τον Οβίδιο[73]. Ο Έρωτας πιθανότατα είναι παρών ως υπαίτιος των δεινών της Φαίδρας: *Οὔτε γὰρ πυρὸς οὔτ' ἄστρων ὑπέρτερον βέλος, οἷον τὸ τᾶς Ἀφροδίτας ἵησιν ἐκ χερῶν Ἔρως, ὁ Διὸς παῖς*[74].

Υπάρχουν και σαρκοφάγοι από αττικό μάρμαρο, στις οποίες παριστάνεται η τροφός να δίνει ένα πλακίδιο στον Ιππόλυτο παρουσία συγκυνηγών του[75]. Σε μια σαρκοφάγο του δεύτερου τέταρτου του 3ου μ.Χ. αιώνα (εικ.11)[76] έχει απεικονιστεί ο Ιππόλυτος στο κέντρο της σύνθεσης να κάνει μια χειρονομία άρνησης. Μπροστά του βρίσκεται η τροφός, η οποία του δίνει ένα πλακίδιο[77]. Στην παράσταση διακρίνονται δώδεκα συγκυνηγοί του οπλισμένοι με δόρατα, καθώς και άλογα και σκύλοι. Ο τρόπος, που έχει αποδοθεί το θέμα της φανέρωσης του μυστικού της Φαίδρας, έρχεται σε αντίθεση με τους στίχους του ευριπίδειου έργου, όπου η αποκάλυψη γίνεται στο εσωτερι-

---

[72] Ανάμεσα στα μέλη του χορού του αρχαίου θεάτρου ο Ιούλιος Πολυδεύκης (τέλος 2ου μ.Χ. αιώνα) αναφέρει το χορευτή, το συγχορευτή, τη συγχορεύτρια, τον ηγεμόνα και τον κορυφαίο του χορού: *Τούτοις δ' ἂν προσήκοι χορός, χορευτής, χοροποιία, χοροστασία, χορικὸν μέλος, χορεῦσαι, συγχορευτής...Πρόσχορον δ' Ἀριστοφάνης τὴν συγχορεύουσαν κέκληκεν. Τὴν δ' αὐτὴν καὶ συγχορεύτριαν. Ἡγεμὼν χοροῦ, καρυφαῖος χοροῦ:* Πολυδ. Δ 106.

[73] βλ. υποσημ.51.

[74] Γιατί μήτε φωτιά μήτε και αστροπελέκι σαν τη σαίτα είναι της Κύπριδας, που με τα χέρια του τινάζει του Δία ο γιος, ο Έρωτας: Εὐρ. Ἱππ. 530 – 533.

[75] βλ. αναλυτικά "*Hippolytos*", ό.π., σ.456/ *LIMC* V 2, σσ.323 – 324, εικ.86 – 91, *Hippolyte et la nourrice*.

[76] "*Hippolytos*", ό.π., σ.456/ *LIMC* V 2, σ.323, εικ.86/ *Römische Sarkophage*, ό.π., σ.394/ *Sarcophages attiques de la nécropole de Tyr. Une étude iconographique*, ό.π., σσ.135 - 136, εικ.48.

[77] *Sarcophages attiques de la nécropole de Tyr. Une étude iconographique*, ό.π., σ.135.

κό του παλατιού και όχι έξω παρουσία και άλλων κυνηγών[78]. Το γε-
γονός ότι η τροφός δίνει στον Ιππόλυτο ένα πλακίδιο, παραπέμπει
πιθανότατα στο γράμμα της Φαίδρας προς τον Ιππόλυτο, για το ο-
ποίο κάνει λόγο ο Οβίδιος, όπως έχουμε ήδη αναφέρει[79].

Παρόμοια είναι και η παράσταση μίας άλλης αττικής σαρκοφάγου
του δεύτερου τέταρτου του 3[ου] μ.Χ. αιώνα (εικ.12)[80], στην οποία ο
Ιππόλυτος είναι έτοιμος να διαβάσει παρουσία των συγκυνηγών του
το περιεχόμενο του πλακιδίου, ενώ η τροφός ακουμπά επάνω στο
δόρυ του. Το διαφορετικό στοιχείο σε σχέση με τις προηγούμενες
παραστάσεις της αποκάλυψης του μυστικού της Φαίδρας από την
τροφό στον Ιππόλυτο όχι μόνο στις σαρκοφάγους, αλλά και στα υ-
πόλοιπα αντικείμενα, που εξετάστηκαν, είναι ότι για πρώτη φορά ο
Ιππόλυτος διαβάζει το πλακίδιο, ενώ σε όλες τις παραπάνω απεικο-
νίσεις ή το κρατά ή κάνει μια χειρονομία άρνησης ή το πετά στο έ-
δαφος.

Τέλος, σε ένα ενεπίγραφο μωσαϊκό του 4[ου] μ.Χ. αιώνα από την
Ismaïha (εικ.13)[81] παριστάνεται η τροφός (ΤΡΟΦΟΣ) να δίνει στον
Ιππόλυτο (ΙΠΠΟΛΥΤΟΣ) ένα γράμμα, που γράφει το όνομα της
Φαίδρας (ΦΕΔΡΑ). Πάνω από την τροφό διακρίνεται ένας Έρωτας
με το τόξο του, ο οποίος δείχνει προς το μέρος του Ιππολύτου[82]. Πί-
σω της η Φαίδρα βρίσκεται καθισμένη στο εσωτερικό του παλατιού
και πίσω από τον Ιππόλυτο δύο συγκυνηγοί (ΚΥΝΑΓΟΙ) του προσέ-
χουν το άλογό του.

Ένα άλλο θέμα, το οποίο απαντά συχνά στην τέχνη σε αγγεία του
5[ου] και 4[ου] π.Χ. αιώνα, σε ετρουσκικές αλαβάστρινες τεφροδόχους
κύστες του 2[ου] μ.Χ. αιώνα και σε σαρκοφάγους από αττικό μάρμαρο
των πρώτων μεταχριστιανικών αιώνων, είναι ο θάνατος του Ιππολύ-

---

[78] βλ. παραπάνω υποσημ.68.

[79] βλ. παραπάνω υποσημ.51.

[80] "Hippolytos", ό.π., σ.456/ LIMC V 2, σ.324, εικ.87/ Die antiken Sarkopha-
greliefs, ό.π., τ.III, 2, v.152, εικ.47/ Römische Sarkophage, ό.π., σσ.394 – 398,
εικ.426/ Sarcophages attiques de la nécropole de Tyr. Une étude iconographique,
ό.π., σ.138, εικ.49, 1.

[81] "Hippolytos", ό.π., σ.452/ LIMC V 2, σ.320, εικ.49.

[82] "Hippolytos", ό.π., σ.452.

του. Σε ό,τι αφορά τα αγγεία, σε ένα σικελικό ερυθρόμορφο καλυκόσχημο κρατήρα του δεύτερου τέταρτου του 5ου π.Χ. αιώνα του «Ζωγράφου του Μάρωνα» (εικ.14)[83] παριστάνεται ο Ιππόλυτος πάνω σε ένα άρμα να προσπαθεί να φέρει στον ίσιο δρόμο τα άλογά του, τα οποία τρόμαξαν από την παρουσία του ταύρου, που έστειλε ο Ποσειδώνας μέσα από τη θάλασσα, όπως περιγράφει ο αγγελιαφόρος (σύντροφος του Ιππολύτου) στο Θησέα[84]. Η θάλασσα δηλώνεται με κυματιστό κόσμημα στο κάτω μέρος της παράστασης[85]. Ο ταύρος δεν έχει περιληφθεί στη συγκεκριμένη εικονογραφική σύνθεση, αλλά έχουν περιληφθεί η Αφροδίτη και ο Έρωτας ίσως ως υπεύθυνοι για την καταστροφή του Ιππολύτου[86].

Στο κάτω μέρος του σώματος ενός απουλικού ελικωτού κρατήρα του τρίτου τέταρτου του 4ου π.Χ. αιώνα του «Ζωγράφου του Δαρείου» (εικ.15)[87] παριστάνεται ο Ιππόλυτος με στολή ηνιόχου να οδηγεί ένα τέθριππο[88]. Μπροστά από το άρμα βρίσκεται μια μορφή στον τύπο της Ερινύας, με ερπετό στο ένα χέρι και αναμμένη δάδα στο

[83] A.D.Trendall, *The Red – figured Vases of Lucania, Campania and Sicily*, τ.I, Clarendon Press, Oxford 1967, σ.102/ T.B.L.Webster, *"Monuments illustrating Tragedy and Satyr – play"*, BICS Suppl.20, 1967, σ.128, TV 44/ A.D.Trendall – T.B.L.Webster, *Illustrations of Greek Drama*, Phaidon Press, London 1971, σσ.88 - 89, εικ.III 3, 23.
[84] *Illustrations of Greek Drama*, ό.π., σ.88 και υποσημ.13.
[85] βλ. υποσημ.84.
[86] βλ. υποσημ.84.
[87] *"Hippolytos"*, ό.π., σ.458/ LIMC V 2, σ.325, εικ.105/ J.H.Huddilston, *Greek tragedy in the light of vase paintings*, Macmillan, London 1898, σ.110/ C.Robert, *Archaeologische Hermeneutik: Anleitung zur Deutung Klassischer Bildwerke*, Weidmann, Berlin 1919, σ.363/ E.Pfuhl, *Malerei und Zeichnung der Griechen*, τ.II, F.Bruckmann a.g., München 1923, σ.769 – 771/ L.Séchan, *Études sur la tragédie grecque dans ses rapports avec la céramique*, Librairie honoré champion, éditeur 7, Quai Malaquais, Paris 1967, σσ.335 – 337, εικ.99/ *Illustrations of Greek Drama*, ό.π., σσ.88 - 89, εικ.III 3, 24/ A.D.Trendall – A.Cambitoglou, *The Red – Figured Vases of Apulia*, τ.II, Clarendon Press, Oxford 1978, σ.487, 17, εικ.173 I/ O.Taplin, *Pots and Plays: Interactions between Tragedy and Greek Vase – painting of the Fourth Century B.C.*, The J. Paul Getty Museum, Los Angeles 2007, σσ.137 – 138, εικ.42.
[88] *Illustrations of Greek Drama*, ό.π., σ.88.

28

άλλο[89]. Η μορφή αυτή δηλώνει την επικείμενη καταστροφή[90]. Κάτω από τα πόδια των αλόγων υπάρχει ο ταύρος, που έστειλε ο Ποσειδώνας, για να καταστρέψει τον Ιππόλυτο[91]. Η θάλασσα δηλώνεται χάρη στην παρουσία ενός κοχυλιού[92]. Πίσω από το άρμα τρέχει ο παιδαγωγός, ο οποίος κάνει μια κίνηση, που φανερώνει απελπισία και είναι ενδεδυμένος με το θεατρικό κοστούμι του παιδαγωγού[93]. Στο πάνω μέρος της παράστασης έχουν απεικονιστεί μερικές θεότητες: Αρχίζοντας από αριστερά διακρίνεται ο Πάνας, ο Απόλλων, η Αθηνά, η Αφροδίτη με τον Έρωτα και ο Ποσειδώνας[94]. Σε ό,τι αφορά αυτή την παράσταση, οι μελετητές συμφωνούν ότι πρέπει να συνδεθεί με το θάνατο του Ιππολύτου, όπως τον περιγράφει ο αγγελιαφόρος[95]. Το γεγονός ότι ο καλλιτέχνης έχει απεικονίσει μια προσωποποιημένη έννοια στον τύπο της Ερινύας, δηλώνει τις προτιμήσεις των καλλιτεχνών της εποχής του, οι οποίοι παρίσταναν αρκετά συχνά προσωποποιημένες έννοιες, όπως για παράδειγμα τη Λύσσα και τη Μανία[96]. Εξάλλου, αυτή η μορφή, η οποία τρομοκρατεί τα άλογα, υπάρχει σε πολλές ετρουσκικές τεφροδόχους κάλπες[97]. Ο καλλιτέχνης απεικόνισε λόγω έλλειψης χώρου πίσω από το άρμα του Ιππολύτου μόνο ένα άτομο[98], τον παιδαγωγό και όχι ολόκληρη τη συνοδεία του, τους *εἰσορῶντας* του Ευριπίδη: *Εἰσορῶσι δὲ κρεῖσσον θέαμα δεργμά-*

---

[89] βλ. προηγούμενη υποσημείωση.

[90] *Études sur la tragédie grecque dans ses rapports avec la céramique*, ό.π., σ.335.

[91] βλ. παραπάνω υποσημ.13.

[92] *Greek tragedy in the light of vase paintings*, ό.π., σ.110.

[93] βλ. υποσημ.88.

[94] *Études sur la tragédie grecque dans ses rapports avec la céramique*, ό.π., σ.337.

[95] βλ. υποσημ.84, 88 και *Illustrations of Greek Drama*, ό.π., σ.89/ *Pots and Plays: Interactions between Tragedy and Greek Vase – painting of the Fourth Century B.C.*, ό.π., σσ.137 - 138.

[96] *Études sur la tragédie grecque dans ses rapports avec la céramique*, ό.π., σσ.335 – 336.

[97] G.Koerte, *I rilievi delle urne etrusche*, τ. II, Berlino 1890 – 1916, εικ.XXXIII – XXVI.

[98] βλ. υποσημ.94.

των εφαίνετο[99]. Η παρουσία του Ποσειδώνα στο άνω μέρος της σύνθεσης δικαιολογείται απόλυτα, λόγω του ότι εκείνος έστειλε το θαλάσσιο τέρας στον Ιππόλυτο ύστερα από παράκληση του Θησέα[100]. Επιπλέον, η Αθηνά έχει απεικονιστεί δεδομένου ότι ήταν προστάτιδα του Θησέα[101]. Η παρουσία του Απόλλωνα δικαιολογείται, αν λάβουμε υπόψη ότι αντιπροσώπευε στη σύνθεση την Άρτεμη, η οποία ήταν απούσα την ώρα του θανάτου του Ιππολύτου, μολονότι ήταν η θεά, που ο νέος λάτρευε[102]. Ο Πάνας δε διαδραμάτιζε κάποιο συγκεκριμένο ρόλο στην παράσταση, αλλά αποτελούσε ένα διακοσμητικό στοιχείο αγαπητό στους καλλιτέχνες της Κάτω Ιταλίας[103]. Οι Trendall – Webster[104] επισημαίνουν ότι η απεικόνιση των θεοτήτων στο άνω μέρος της παράστασης αποτελούσε πάγια απουλική πρακτική. Ο τρόπος[105] απεικόνισης του θανάτου του Ιππολύτου, με τον ταύρο να μην ξεχύνεται ολόκληρος στη στεριά, όπως στο έργο του Ευριπίδη[106], αλλά μόνο μέχρι το λαιμό, παραπέμπει στο 15ο βιβλίο του έργου *Metamorphoses* του Οβιδίου[107] και σε έναν πίνακα του Αντιφίλου με τίτλο *Hippolytus tauro emisso expavescens*, για τον οποίο κάνει λόγο ο Πλίνιος στο 35ο βιβλίο της *Φυσικής Ιστορίας* του: *Hippolytum tauro emisso expauscentem*[108]. Προφανώς ο Αντίφιλος είχε αντιγράψει έργο προγενεστέρου του κεραμέα, ο οποίος πρέπει να είχε κατά νου τον πρώτο Ιππόλυτο του Ευριπίδη και τη *Φαίδραν* του Σοφοκλή, όπου ο θάνατος του Ιππολύτου παρουσιαζό-

---

[99] ...όσοι το έβλεπαν, έδειχναν πως ήταν θέαμα που δεν το άντεχαν τα μάτια: Εὐρ. Ἱππ. 1216, 1217.

[100] βλ. υποσημ.94 και υποσημ.12.

[101] *Archaeologische Hermeneutik: Anleitung zur Deutung Klassischer Bildwerke*, ό.π., σ.363.

[102] *Greek tragedy in the light of vase paintings*, ό.π., σ.110.

[103] *Archaeologische Hermeneutik: Anleitung zur Deutung Klassischer Bildwerke*, ό.π., σσ.286, 363.

[104] *Illustrations of Greek Drama*, ό.π., σ.89, εικ.ΙΙΙ 3, 24.

[105] *Études sur la tragédie grecque dans ses rapports avec la céramique*, ό.π., σσ.339 – 340.

[106] βλ. υποσημ.84.

[107] βλ. Ὀβίδ. *Met.* XV, 504, 505, 508 – 513, 524 - 529.

[108] Πλίν. *NH* XXXV, 114.

ταν με τον προαναφερθέντα τρόπο[109]. Η συγκεκριμένη αγγειογραφία δε θα έπρεπε να συνδέεται ούτε με τη διήγηση του Οβιδίου ούτε με τον πίνακα του Αντιφίλου, επειδή προηγείται χρονολογικά και των δύο[110].

Σε έναν απουλικό αμφορέα του 4ου π.Χ. αιώνα από τη Ceglie (εικ.16)[111], του οποίου η παράσταση δε διακρίνεται ολόκληρη, έχει απεικονιστεί στα δεξιά ο Ποσειδώνας καθισμένος με την τρίαινα και ακριβώς απέναντί του ο Πάνας. Κοντά στον Ποσειδώνα φαίνεται το πέλμα μίας μορφής, η οποία δε σώζεται, αλλά πρέπει να ήταν ιπτάμενη[112]. Στο πάνω μέρος της σύνθεσης δεξιά βρίσκεται η Άρτεμη, στο κέντρο δύο γυναικείες μορφές που συζητούν, η Αφροδίτη και η Πειθώ και ένας ένας Σάτυρος και αριστερά ένας ηλικιωμένος άνδρας με διάδημα[113]. Την ταύτιση της δεύτερης γυναικείας μορφής με την Πειθώ υποστηρίζει ο Robert[114]. Παρότι έχουν διατυπωθεί διάφορες απόψεις σχετικά με το θέμα του αγγείου[115], εντούτοις τα εικονογραφικά στοιχεία οδηγούν στο επεισόδιο του θανάτου του Ιππολύτου: Οι θεότητες, που έχουν απεικονιστεί (Ποσειδώνας, Άρτεμη, Αφροδίτη), σχετίζονται άμεσα με το θέμα του θανάτου του Ιππολύτου, όπως α-

---

[109] Archaeologische Hermeneutik: Anleitung zur Deutung Klassischer Bildwerke, ό.π., σ.364 κ.ε.

[110] βλ. Malerei und Zeichnung der Griechen, ό.π., σσ.769 – 771.

[111] A.Furtwaengler, Beschreibung der Vasensammlung in Antiquarium, τ.ΙΙ, Berlin 1885, v.3257/ Archaeologische Hermeneutik: Anleitung zur Deutung Klassischer Bildwerke, ό.π., σ.364 κ.ε./ Études sur la tragédie grecque dans ses rapports avec la céramique, ό.π., σσ.337 – 339, εικ.100.

[112] Études sur la tragédie grecque dans ses rapports avec la céramique, ό.π., σ.337.

[113] Études sur la tragédie grecque dans ses rapports avec la céramique, ό.π., σ.338.

[114] Archaeologische Hermeneutik: Anleitung zur Deutung Klassischer Bildwerke, ό.π., σ.364 κ.ε.

[115] Η ιστορία αγάπης του Ποσειδώνα και της Αμυμόνης, η αρπαγή του Κεφάλου από την Ηω: A.Kalkmann, "Hippolytos", AZ XLI, 1883, σ.48 κ.ε./ Beschreibung der Vasensammlung in Antiquarium, ό.π., σ.909/ Archaeologische Hermeneuti: Anleitung zur Deutung Klassischer Bildwerke, ό.π., σ.364 κ.ε.

ναφέρθηκε και σε προηγούμενες αγγειογραφίες[116]. Η μορφή του Πάνα έχει περιληφθεί και στην προηγούμενη αγγειογραφία[117]. Στην παράσταση που εξετάζουμε ο ηλικιωμένος άνδρας φέρνει και μια προσφορά για τον Ιππόλυτο[118], ο οποίος πρέπει να βρισκόταν πάνω στο άρμα του. Η ιπτάμενη μορφή με το στεφάνι θα μπορούσε να είναι η προσωποποίηση της Λύσσας, η οποία συμβόλιζε τη δύναμη, που οδήγησε τον Ιππόλυτο στο θάνατο[119].

Υπάρχει ένα θραύσμα ενός απουλικού αμφορέα του 4[ου] π.Χ. αιώνα (εικ.17)[120], στο οποίο παριστάνεται ο Ποσειδώνας καθισμένος, με τρίαινα στο χέρι και ύφος μελαγχολικό. Δεξιά του διακρίνεται το πόδι ενός μικρού παιδιού που ίπταται και αριστερά του μια κυματιστή επιφάνεια[121]. Ο Robert[122] πιστεύει ότι δεξιά του Ποσειδώνα είχε απεικονιστεί ο Έρωτας, ο οποίος πετούσε προς το μέρος της Αφροδίτης και αριστερά η μορφή της Λύσσας, η οποία βρισκόταν μπροστά από τα άλογα του Ιππολύτου.

Σε ένα ακόμη θραύσμα απουλικού ερυθρόμορφου κρατήρα του 370 π.Χ. (εικ.18)[123] διακρίνεται ένας Σιληνός, μια Μαινάδα και τα άλογα, τα οποία τινάζονται προς τα πίσω εξαιτίας του ταύρου, ο οποίος ξεπροβάλλει μπροστά τους.

---

[116] βλ. υποσημ.113.

[117] βλ. εικ.15.

[118] βλ. υποσημ.113.

[119] *Études sur la tragédie grecque dans ses rapports avec la céramique*, ό.π., σ.339.

[120] *Études sur la tragédie grecque dans ses rapports avec la céramique*, ό.π., σ.339, εικ.101/ *Archaeologische Hermeneutik: Anleitung zur Deutung Klassischer Bildwerke*, ό.π., σ.364 κ.ε., εικ.275.

[121] *Études sur la tragédie grecque dans ses rapports avec la céramique*, ό.π., σ.339.

[122] *Archaeologische Hermeneutik: Anleitung zur Deutung Klassischer Bildwerke*, ό.π., σ.364 κ.ε.

[123] *"Hippolytos"*, ό.π., σ.457/ *LIMC* V 2, σ.325, εικ.101/ H.Bloesch, *Das Tier in der Antike*, Germany 1974, v.261, εικ.44/ *The Red – Figured Vases of Apulia*, ό.π., τ.I, σ.107, 42.

Στα κατωιταλιωτικά αγγεία, που παρουσιάσαμε, ο τρόπος απεικό-
νισης του θανάτου του Ιππολύτου συμφωνεί με το ευριπίδειο έργο,
στο οποίο μαθαίνουμε ότι ταύρος ξεβράστηκε από τη θάλασσα και
έριξε τον Ιππόλυτο από το άρμα του. Οι καλλιτέχνες έχουν προσθέ-
σει και ορισμένες θεότητες, οι οποίες σχετίζονται με το μύθο του Ιπ-
πολύτου, όπως η Αθηνά και ο Ποσειδώνας, καθώς και πρόσωπα,
όπως ο Σιληνός, ο Σάτυρος, ο παιδαγωγός του Ιππολύτου και προ-
σωποποιημένες έννοιες, όπως η Ερινύα, η Λύσσα και η Πειθώ.

Ο θάνατος του Ιππολύτου έχει αποδοθεί με ιδιαίτερα παραστατικό
τρόπο σε ετρουσκικές αλαβάστρινες τεφροδόχους κύστες από το
Chiusi, οι οποίες χρονολογούνται στο 2ο μ.Χ. αιώνα, γεγονός που
φανερώνει ότι το συγκεκριμένο επεισόδιο είχε απήχηση στην τέχνη
της συγκεκριμένης περιόδου[124]. Σε αυτές παριστάνεται ο νέος πε-
σμένος από το άρμα του να σέρνεται παρουσία συγκυνηγών του,
μίας ή περισσότερων Ερινύων και του ταύρου. Ενδεικτικά αναφέ-
ρουμε μία (εικ.19)[125], στην οποία ο Ιππόλυτος είναι πεσμένος από το
άρμα του, τα δύο άλογα οπισθοχωρούν εξαιτίας της παρουσίας του
ταύρου και τα άλλα δύο είναι πεσμένα στο έδαφος. Μια Ερινύα δρα-
σκελίζει το σώμα του Ιππολύτου και δύο πολεμιστές πλαισιώνουν τη
σύνθεση. Η παραπάνω παράσταση παραπέμπει σε εκείνο το σημείο
του κειμένου, στο οποίο ο αγγελιαφόρος διηγείται στο Θησέα τα
σχετικά με το θάνατο του Ιππολύτου: Ἄγγελος: Ἡμεῖς μὲν ἀκτῆς
κυμοδέγμονος πέλας ψήκτραισιν ἵππων ἐκτενίζομεν τρίχας
κλαίοντες. Ἦλθε γὰρ τις ἄγγελος λέγων ὡς οὐκέτ᾽ ἐν γῇ τῇδ᾽
ἀναστρέψοι πόδα Ἱππόλυτος[126]. Ο τρόπος με τον οποίο έχει απει-
κονιστεί ο Ιππόλυτος, συμφωνεί με το ευριπίδειο έργο, όπως είδαμε

---

[124] βλ. αναλυτικά "Hippolytos", ό.π., σ.458/ LIMC V 2, σσ.326 – 327, εικ.107 –
114, Mort d' Hippolyte.

[125] "Hippolytos", ό.π., σ.458/ LIMC V 2, σ.326, εικ.107/ H. von Brunn – Körte,
I rilievi delle urne etrusche, pubblicati a nome dell' Instituto di Corrispondenza
Archeologica, τ.ΙΙ, 1, coi tipi del Salviucci, Roma 1870, εικ.34, 4.

[126] -Αγγελιαφόρος: Κοντά στο κυματόζωστο ακρογιάλι χτενίζαμε τις χαίτες
των αλόγων και κλαίγαμε, γιατί μαντατοφόρος έφτασε και μας είπε ότι ποτέ του δε
θα γυρίσει πια σε αυτή τη χώρα ο Ιππόλυτος: Εὐρ. Ἱππ. 1173 – 1177, Εὐρ. Ἱππ.
1173 κ.ε.

παραπάνω[127]. Η παρουσία των δύο πολεμιστών στην παράσταση δι-
καιολογείται, αν τους ταυτίσουμε με τους συντρόφους του Ιππολύ-
του, οι οποίοι ήταν παρόντες την ώρα του μαρτυρικού του τέλους[128].
Η Ερινύα πιθανότατα συμβολίζει τις τύψεις, που αισθάνθηκε ο Θη-
σέας, όταν έμαθε από την Άρτεμη για την αθωότητα του γιου του: -
Ἄρτεμις: Καίτοι προκόψω γ᾿ οὐδέν, ἀλγυνῶ δὲ σε. Ἀλλ᾿ ἐς τόδ᾿
ἦλθον, παιδὸς ἐκδεῖξαι φρένα τοῦ σοῦ δικαίαν, ὡς ὑπ᾿ εὐκλείας
θάνῃ καὶ σῆς γυναικὸς οἶστρον ἢ τρόπον τινὰ γενναιότητα[129].

Η παραπάνω εικονογραφική σύνθεση απέχει αρκετά χρονολογικά
από το έργο του Ευριπίδη, πράγμα το οποίο μπορεί να μαρτυρεί και
την επίδραση μεταγενέστερων φιλολογικών πηγών, οι οποίες παρου-
σιάζουν τον τρόπο θανάτου του Ιππολύτου, όπως ακριβώς και ο με-
γάλος τραγικός. Πρόκειται για τον Απολλόδωρο, Φαίδρα δὲ γεννή-
σασα Θησεῖ δύο παιδία Ἀκάμαντα καὶ Δημοφῶντα ἐρᾶ τοῦ ἐκ
τῆς Ἀμαζόνος παιδὸς {ἤγουν τοῦ Ἱππολύτου} καὶ δεῖται
συνελθεῖν αὐτῇ. Ὁ δὲ μισῶν πάσας γυναίκας τὴν συνουσίαν
ἔφυγεν. Ἡ δὲ Φαίδρα, δείσασα μὴ τῷ πατρὶ διαβάλῃ, κασχίσα-
σα τάς τοῦ θαλάμου θύρας καὶ τάς ἐσθῆτας σπαράξασα κατε-
ψεύσατο Ἱππολύτου βίαν. Θησεὺς δὲ πιστεύσας ηὔξατο
Ποσειδῶνι Ἱππόλυτον διαφθαρῆναι. Ὁ δὲ θέοντος αὐτοῦ ἐπὶ
τοῦ ἄρματος καὶ παρὰ τῇ θαλάσσῃ ὀχουμένου, ταῦρον ἀνῆκεν
ἐκ τοῦ κλύδωνος. Πτοηθέντων δὲ τῶν ἵππων κατηράχθη τὸ
ἄρμα. Ἐμπλακεὶς δὲ [ταῖς ἡνίαιας] Ἱππόλυτος συρόμενος
ἀπέθανε. Γενομένου δὲ τοῦ ἔρωτος περιφανοῦς ἑαυτὴν
ἀνήρτησε Φαίδρα[130], το Βιργίλιο, Namque ferunt fama Hippolytum,
postquam arte nouercae occiderit patriasque explerit sanguine poe-
nas turbatis distractus equis, ad sidera rusus[131], τον Οβίδιο, Dividit

---

[127] βλ. υποσημ.84.

[128] βλ. παραπάνω υποσημ.126.

[129] -Άρτεμη: Θα σε πικράνω, δε θα σε ωφελήσω. Μα στην απόφαση έχω φτά-
σει ετούτη, για να αποδείξω την αγνότητα του γιου σου, που τιμημένος έτσι να
πεθάνει, και της γυναικας σου το τρελό πάθος και τη φιλοτιμία: Εὐρ. Ἱππ. 1297 –
1301 βλ. και Εὐρ. Ἱππ. 1283 κ.ε.

[130] Ἀπολλόδ. Ἐπιτ. I, 18, 19.

[131] Βιργ. Aen. VII, 765 – 767.

obstantes pectore taurus aquas. Solliciti terrentur equi frustraque retentiper scopulos dominum duraque saxa trahunt. Exciderat curru lorisque morantibus artus Hippolytus lacero corpore raptus erat reddideratque animam, multum indignate Diana[132], το Σενέκα, *Cum subito vastum tonuit ex alto mare...Omnisque truncus corporis partem tulit* [133] και τον Υγίνο: *Et Theseus re audita filium suum moenibus excedere iussit et optavit a Neptuno patre filio suo exitium. Itaque cum Hippolytus equis iunctis veheretur, repente e mari taurus aparuit, cuius mugitu equi expavefacti Hippolytum distraxerunt vitaque priuarunt*[134].

Υπάρχουν και σαρκοφάγοι από αττικό μάρμαρο διακοσμημένες με το ίδιο θέμα[135]. Ενδεικτικά αναφέρουμε μία, η οποία χρονολογείται στον 3° μ.Χ. αιώνα (εικ.20)[136]. Σε αυτή ο Ιππόλυτος είναι πεσμένος από το άρμα και κρατά ακόμη το χαλινάρι. Δεξιά διακρίνεται το κεφάλι του ταύρου και αριστερά ένας έφιππος άνδρας.

Και σε αυτές τις απεικονίσεις πρέπει να υπάρχει επίδραση του ευριπίδειου δράματος μέσω μεταγενέστερων φιλολογικών πηγών, οι οποίες βρίσκονται πιο κοντά χρονολογικά στις σαρκοφάγους και περιγράφουν το περιστατικό του θανάτου του Ιππολύτου με τον ίδιο τρόπο με τον Ευριπίδη, όπως επισημάνθηκε στην προηγούμενη παράσταση[137].

Σημαντική υπήρξε και η επίδραση του δράματος *Βάκχαι* στην τέχνη της αρχαιότητας. Τα επεισόδια, που απεικονίζονταν ιδιαίτερα συχνά, σχετίζονται με την αρνητική στάση του Πενθέα έναντι της

---

[132] Όβίδ. *Fast.* VI, 740 – 745 και βλ. Όβίδ. *Met.* XV, 504, 505, 508 – 513, 524 – 529.

[133] Σεν. *Ph.* 1007, 1104.

[134] Ὑγῖν. *Fab.* 47.

[135] βλ. αναλυτικά "*Hippolytos*", ό.π., σ.458/ *LIMC* V 2, σ.327, εικ.117 – 120/ *Römische Sarkophage*, ό.π., σ.394/ *Sarcophages attiques de la nécropole de Tyr. Une étude iconographique*, ό.π., σσ.143 – 146, εικ.53, 54, 1, 2.

[136] "*Hippolytos*", ό.π., σ.458/ *LIMC* V 2, σ.327, εικ.118/ *Römische Sarkophage*, ό.π., σ.394/ *Sarcophages attiques de la nécropole de Tyr. Une étude iconographique*, ό.π., σ.137, εικ.53.

[137] βλ. εικ.19.

αποδοχής της λατρείας του Διονύσου. Έτσι, παρακάτω θα παρου-
σιάσουμε έργα τέχνης διακοσμημένα με τον Πενθέα κατευθυνόμενο
προς το χώρο των Βακχών, τον Πενθέα κοντά ή επάνω σε δέντρο, το
διαμελισμό του από τις Βάκχες και Μαινάδες με μέλη από το σώμα
του νεκρού νέου στα χέρια.

Ο Πενθέας κατευθυνόμενος προς το χώρο των Βακχών έχει απει-
κονιστεί σε μια ερυθρόμορφη αττική πυξίδα του τέλους του 5^{ου} π.Χ.
αιώνα (εικ.21)[138]. Σε αυτή διακρίνεται ο νέος με δύο δόρατα στο δεξί
χέρι και δίχτυ στην πλάτη να βγαίνει έξω από το παλάτι, το οποίο
δηλώνεται χάρη στην ύπαρξη δύο δωρικών κιόνων[139]. Απέναντί του
διακρίνονται η Άρτεμη και ο Απόλλωνας με τη λύρα[140]. Πίσω του
υπάρχουν έξι Βάκχες, εκ των οποίων δύο προσπαθούν να διαμελί-
σουν ένα ζώο, μια κρατά θύρσο, άλλη τύμπανο, άλλη δάδα και η τε-
λευταία ορχείται[141]. Η απεικόνιση του διχτυού, που μεταφέρει ο
Πενθέας, οδηγεί στη σύνδεση της συγκεκριμένης αγγειογραφίας με
τις *Βάκχας*, αν υποθέσουμε ότι η παραπάνω εικονογραφική σύνθεση
είναι μεταγενέστερη του ευριπίδειου δράματος[142]: *-Πενθεύς: Καί
σφᾶς σιδηραῖς ἁρμόσας ἐν ἄρκυσιν*[143]*...Μέθεσθε χειρῶν τοῦδ'.
Ἐν Ἄρκυσιν γάρ ὤν*[144]*...Χορός: Εὐπλέκτων ὑπέρ ἀρκύων*[145]. Στο

---

[138] J.Bazant – G.Berger - Doer, *"Pentheus"*, *LIMC* VII 1, Artemis Verlag, Zü-
rich und München 1994, σ.308, εικ.1/ L.Curtius, *"Pentheus"*, *BerlWPr* 88, 1929,
σσ.8 – 19, εικ.2 – 6/ H.Philippart, *"Iconographie des 'Bacchantes' d' Euripide"*,
RBPhil 9, 1930, σσ.51 - 52, v.132, εικ.7 b/ E.Tomasello, *"Rappresentazioni figu-
rate del mito di Penteo"*, *Sic. Gym.* 11, 1958, σσ.235 – 236/ J.M.Moret, *"L' Apol-
linisation' de l' imagerie légendaire à Athènes dans la seconde moitié du 5e siè-
cle"*, *RA* 1, 1982, σσ.117 - 118, κατ.5/ J.March, *"Euripides' Bakchai: A reconsi-
deration in the light of vase – paintings"*, *BICS* 36, 1989, σ.36, εικ.1 a, b.

[139] βλ. *"Iconographie des 'Bacchantes' d' Euripide"*, ό.π., σ.52.

[140] *"Iconographie des 'Bacchantes' d' Euripide"*, ό.π., σ.52/ *"L' Apollinisa-
tion' de l' imagerie légendaire à Athènes dans la seconde moitié du 5e siècle"*,
ό.π., σ.118.

[141] *"Iconographie des 'Bacchantes' d' Euripide"*, ό.π., σ.52.

[142] *"Iconographie des 'Bacchantes' d' Euripide"*, ό.π., σ.52.

[143] -Πενθέας: Και με συρματοπλέγματα θα σιδεροδεσμεύσω: Εὐρ. *Βάκ.* 231.

[144] -Πενθέας: Για λύστε του τα χέρια. Στα δίχτυα μου όπως μπλέχτηκε: Εὐρ.
Βάκ. 451.

έργο του Ευριπίδη η απόφαση του Πενθέα να πάει στις Βάκχες συ-
νοδευόμενος από το Διόνυσο γνωστοποιείται από το στίχο 810 κ.ε.
Το γεγονός ότι παριστάνεται οπλισμένος μπορεί να παραπέμπει σε
εκείνο το χωρίο, στο οποίο ο Πενθέας λέει στο Διόνυσο ή ότι θα πάει
στις Βάκχες με όπλα ή ότι θα πειστεί σε όσα τον συμβουλεύει εκεί-
νος, δηλαδή να μεταμφιεστεί σε γυναίκα: -*Πενθεύς: Στείχοιμ' ἄν.
Ἤ γὰρ ὅπλ' ἔχων πορεύσομαι ἢ τοῖσι σοῖσι πείσομαι βουλεύ-
μασιν*[146]. Τελικά, ο Πενθέας πείθεται και μεταμφιέζεται σε Βάκχη: -
Διόνυσος: Πρέπεις δέ Κάδμου θυγατέρων μορφήν μιᾷ[147].

Το επόμενο εικονογραφικό θέμα, ο Πενθέας κοντά ή επάνω σε
δέντρο, διακοσμεί αγγεία του 4^{ου} π.Χ. αιώνα, σύμπλεγμα από μάρ-
μαρο του 3^{ου} μ.Χ. αιώνα και μωσαϊκό δάπεδο του 4^{ου} μ.Χ. αιώνα. Ας
ξεκινήσουμε από τα αγγεία: Σε μια ερυθρόμορφη λευκανική υδρία
του 370/360 π.Χ., η οποία συνδέεται με την «Ομάδα του Ζωγράφου
της Ιλίου Πέρσεως» (εικ.22)[148], παριστάνεται η καταδίωξη του Πεν-
θέα από τις Μαινάδες. Ο Πενθέας βρίσκεται στο κέντρο της σύνθε-
σης και εκατέρωθέν του δύο ομάδες από τρεις Μαινάδες, των οποίων
οι κινήσεις μοιάζουν με αυτές του οργιαστικού χορού, καθώς και του
χορού της τραγωδίας[149]: -*Ἄγγελος: Αἱ μὲν γὰρ αὐτῶν θύρσον
ἐκλελοιπότα κισσῷ κομήτην αὖθις ἐξανέστεφον, αἱ δ',
ἐκλιποῦσαι ποικίλ' ὡς πῶλοι ζυγά, βακχεῖον ἀντέκλαζον*

---

[145] -Χορός: Τα δίχτυα τα καλόπλεχτα: Εὐρ. *Βάκ.* 870.

[146] –Πενθέας: Φεύγω και ή με όπλα έρχομαι, ή πείθομαι σε σένα και σε όσα με
συμβουλεύεις: Εὐρ. *Βάκ.* 845 – 846.

[147] -Διόνυσος: Ίδια και απαράλλαχτη του Κάδμου κόρη είσαι: Εὐρ. *Βάκ.* 917.

[148] *"Pentheus"*, ό.π., σ.308/ *LIMC* VII 2, σ.250, εικ.2/ *Greek tragedy in the
light of vase paintings*, ό.π., σσ.92 – 94, εικ.11/ *"Iconographie des 'Bacchantes' d'
Euripide"*, ό.π., σ.54, ν.137, εικ.7 a/ *Études sur la tragédie grecque dans ses rap-
ports avec la céramique*, ό.π., σσ.308 - 309, εικ.89/ *"Euripides' Bakchai: A recon-
sideration in the light of vase – paintings"*, ό.π., σ.36, εικ.1 c, d.

[149] Ο Ιούλιος Πολυδεύκης αναφέρεται στο τέταρτο βιβλίο του *Ὀνομαστικοῦ*
του στην τραγική όρχηση και συγκεκριμένα στις χορευτικές κινήσεις των χεριών
(*σιμή χείρ, χείρ καταπρανής*), στα είδη ορχήσεως (*καλαθίσκος, θερμαυστρίς*)
και στις κινήσεις όλου του σώματος (*κυβίστησις*): *Καί μὲν τραγικῆς ὀρχήσεως
σχήματα σιμή χείρ, καλαθίσκος, χεὶρ καταπρανής, ξύλου παράληψις, διπλῆ,
θερμαυστρίς, κυβίστησις, παραβῆναι τὰ τέτταρα*: Πολυδ. Δ 105.

ἀλλήλαις μέλος[150]. Η κάθε μία από τις Μαινάδες κρατά από ένα διαφορετικό αντικείμενο. Εκείνη, που βρίσκεται πίσω από τον Πενθέα, κρατά μέλη από σφαγμένο ζώο: -Χορός: Ἡδὺς ἐν ὄρεσιν, ὅταν ἐκ θιάσων δρομαὶ πέσῃ πεδόσε, νεβρίδος ἔχων ἱερὸν ἐνδυτόν, ἀγρεύων αἷμα τραγοκτόνον, ὠμοφάγον χάριν[151]. Η άλλη, η οποία είναι απέναντί του, κρατά πυρσό και κάνει μια χειρονομία, που δηλώνει έκπληξη, λόγω του ότι ανακαλύπτει τον Πενθέα καθισμένο ανάμεσα σε δύο δέντρα[152]. Ο Πενθέας είναι γυμνός και σηκώνει το δεξί χέρι του, το οποίο είναι τυλιγμένο με τη χλαμύδα[153]. Με το αριστερό κρατά ξίφος και στο κεφάλι φορά πίλο. Ο πίλος παραπέμπει στο χωρίο του κειμένου, όπου ο Διόνυσος συμβουλεύει τον Πενθέα τί πρέπει να φορέσει, προκειμένου να βρεθεί στο χώρο των Βακχών[154]. Στην αριστερή πλευρά της σύνθεσης υπάρχει ένας κίονας, που συμβολίζει είτε το παλάτι είτε την πύλη της Θήβας[155]. Ενδεχομένως, ο καλλιτέχνης επιθυμούσε να υπογραμμίσει με αυτόν τον τρόπο ότι ο Πενθέας είχε οδηγηθεί μακριά από τη Θήβα, στην κορυφή του Κιθαιρώνα: -Ἄγγελος: Ἐπεὶ θεράπνας τῆσδε Θηβαίας χθονὸς λιπόντες ἐξέβημεν Ἀσωποῦ ῥοάς, λέπας Κιθαιρώνειον εἰσεβάλλομεν[156]. Ο Philippart[157] πιστεύει ότι τα δύο δέντρα, ανάμε-

---

[150] -Αγγελιαφόρος: Εκεί οι Μαινάδες κάθονταν και σε έργα καταγίνονταν ευχάριστα και τον κισσό που ξέφυγε από το θύρσο στερέωναν και στόλιζαν κι άλλες σαν τα πουλάρια που μόλις ξεζεύτηκαν τους πλουμιστούς ζυγούς τους, τραγούδια αντιφωνούσαν ιερά η μια στην άλλη: Εὐρ. Βάκ. 1054 – 1057/ *Études sur la tragédie grecque dans ses rapports avec la céramique*, ό.π., σ.309.

[151] -Χορός: Τί γλύκα είναι από τα βουνά σαν τρέχει ξεκομμένος από τους γρηγοροκίνητους θεόληπτους θιάσους με ένα ελαφόδερμα ιερό στον κάμπο αναζητώντας αίμα σφαγμένου τράγου, χαρά ωμών κρεάτων: Εὐρ. Βάκ. 136 – 138/ *Études sur la tragédie grecque dans ses rapports avec la céramique*, ό.π., σ.309.

[152] *"Iconographie des 'Bacchantes' d' Euripide"*, ό.π., σ.54.

[153] *"Iconographie des 'Bacchantes' d' Euripide"*, ό.π., σ.54.

[154] βλ. παρακάτω υποσημ.176.

[155] *"Pentheus"*, ό.π., σ.308, εικ.2/ *LIMC* VII 2, σ.250, εικ.2.

[156] -Ἄγγελος: Αφού πίσω αφήσαμε σπίτια και γη της Θήβας, περάσαμε του Ασωπού τα θολωμένα αυλάκια, στου Κιθαιρώνα την κορυφή οι τρεις μας ανεβήκαμε: Εὐρ. Βάκ. 1043 – 1045.

[157] *"Iconographie des 'Bacchantes' d' Euripide"*, ό.π., σ.54.

σα στα οποία έχει τοποθετηθεί ο Πενθέας, συμβολίζουν τα έλατα, επάνω στα οποία είχε σκοπό να καθίσει ο ήρωας, προκειμένου να μη γίνει αντιληπτός από τις Μαινάδες: -Πενθεύς: Σάφ' ἴσθι, σιγῇ γ' ὑπ' ἐλάτοις καθήμενος. –Διόνυσος: Ἀλλ' ἐξιχνεύσουσίν σε, κἂν ἔλθῃς λάθρᾳ¹⁵⁸. Ο Séchan¹⁵⁹ συνδέει αυτή την παράσταση με το έργο του Ευριπίδη, επειδή θεωρεί ότι τα δύο δέντρα, ανάμεσα στα οποία έχει απεικονιστεί ο ήρωας, συμβολίζουν το έλατο, πάνω στο οποίο τον είχε ανεβάσει ο Διόνυσος, προκειμένου να αντιληφθούν την παρουσία του οι Μαινάδες και τελικά να ξεριζώσουν το δέντρο, για να τον σκοτώσουν, όπως θα δούμε παρακάτω. Κατά την άποψη του προαναφερθέντος¹⁶⁰, οι Μαινάδες έχουν απεικονιστεί με διάφορα αντικείμενα στα χέρια (πυρσό, θύρσους, ξίφος, στεφάνι και μέλη σφαγμένου ζώου), προκειμένου να παρουσιάσει ο καλλιτέχνης το επεισόδιο της πτώσης του Πενθέα από την κορυφή του ελάτου με εύγλωττο τρόπο. Το ξίφος παραπέμπει, κατά το Huddilston¹⁶¹, σε διάφορα χωρία των Βακχῶν, στα οποία οι Μαινάδες παρουσιάζονται άλλοτε άοπλες και άλλοτε οπλισμένες: -Ἄγγελος: Μόσχοις ἐπῆλθον χειρός ἀσιδήρου μέτα¹⁶²...Χορός: Ἴτω δίκα φανερός, ἴτω ξιφηφόρος¹⁶³. Στο ευριπίδειο κείμενο πετροβολούν το δέντρο με όλη τους τη δύναμη, ακοντίζουν ελάτινα κλωνάρια, πετούν θύρσους και στο τέλος το ξεριζώνουν: -Ἄγγελος: Ὡς δ' εἶδον ἐλάτῃ δεσπότην ἐφήμενον, πρῶτον μὲν αὐτοῦ χερμάδας κραταιβόλους ἔρριπτον, ἀντίπυργον ἐπιβᾶσαι πέτραν, ὄζοισί τ' ἐλατίνοισιν ἠκοντίζετο. Ἄλλαι δὲ θύρσους ἵεσαν δι' αἰθέρος Πενθέως, στόχον δύστηνον. Ἀλλ' οὐκ ἤνυτον...Αἱ δὲ μυρίαν χέρα προσέθεσαν

---

¹⁵⁸ -Πενθέας: Πολύ μάλιστα και ήσυχος στα έλατα αφού καθίσω. -Διόνυσος: Μα, θα σε ανακαλύψουνε όσο κρυφά και αν έρθεις: Εὐρ. Βάκ. 816 - 817.

¹⁵⁹ Études sur la tragédie grecque dans ses rapports avec la céramique, ό.π., σ.309.

¹⁶⁰ βλ. προηγούμενη υποσημείωση.

¹⁶¹ Greek tragedy in the light of vase paintings, ό.π., σ.93.

¹⁶² -Αγγελιαφόρος: Γιατί με χέρια άοπλα ρίχτηκαν στα μοσχάρια: Εὐρ. Βάκ. 736.

¹⁶³ -Χορός: Πρόβαλε, Δίκη, φανερή, πρόβαλε σπαθοφόρα: Εὐρ. Βάκ. 992, 1012.

ἐλάτη κἀξανέσπασαν χθονός[164]. Το πιο πιθανό είναι ότι σε αυτή την παράσταση έχει γίνει ανάμειξη στοιχείων από το κείμενο του Αισχύλου και του Ευριπίδη. Για παράδειγμα, το ξίφος του Πενθέα παραπέμπει στο έργο του Αισχύλου[165], ενώ τα δέντρα στο έργο του Ευριπίδη. Επειδή το αγγείο αυτό χρονολογείται λίγο πριν από τα μέσα του 4^{ου} π.Χ. αιώνα, εποχή που βρίσκεται πιο κοντά στην περίοδο συγγραφής του έργου του Ευριπίδη, ο Séchan[166] συνδέει τη συγκεκριμένη εικονογραφική σύνθεση με το έργο του μεγάλου τραγικού. Ο Haupt[167] προτείνει τη σύνδεσή της με το έργο του Αισχύλου, επειδή σε αυτό ο Πενθέας παρουσιαζόταν με ξίφος. Το πιο λογικό θα ήταν να ακολουθήσει κανείς τη μέση οδό και να δεχτεί ότι πιθανότατα ο αγγειογράφος είχε κάνει συνδυασμό στοιχείων από τα έργα και των δύο τραγικών[168].

---

[164]-Αγγελιαφόρος: Κι ως είδανε το βασιλιά στο έλατο στημένο σε τοίχισμα α-νεβήκανε και τον πετροβολούσαν με όλη τους τη δύναμη. Άλλες σε βράχο αντικρινό πάτησαν και ακοντίζανε ελάτινα κλωνάρια, κι άλλες τους θύρσους πέταγαν μέσα από τον αιθέρα στοχεύοντας τον Πενθέα, το δύστυχο σημάδι, μα δεν τον πετυχαίνανε....Κι αυτές τα χέρια ένωσαν κι όλες μαζί το έλατο από τη γη ξερίζωσαν: Εὐρ. *Βάκ*. 1095 - 1100, 1109 – 1110.

[165] *Πενθεύς* Αισχύλου: S.Radt, *Tragicorum Graecorum Fragmenta*, τ.3, Vandenhoeck und Ruprecht, Göttingen, 1985, σ.299, ἀπόσπ.183: *Μηδ᾽ αἴματος πέμφιγα πρός πέδῳ βάλῃς:* Το όπλο, που πρέπει να κρατούσε ο Πενθέας είναι το ξίφος, όπως προκύπτει από το συγκεκριμένο απόσπασμα. Αν δεν υπήρχε ο εμπρόθετος προσδιορισμός κατεύθυνσης *πρός πέδω*, το ρήμα *μηδ᾽ βάλῃς*, δηλαδή μην πετάξεις, θα οδηγούσε σε ένα εκηβόλο όπλο, όπως το δόρυ ή το τόξο.

[166] *Études sur la tragédie grecque dans ses rapports avec la céramique*, ό.π., σ.308, υποσημ.6.

[167] G.Haupt, *Commentationes archaeologicae in Aeschyle*, Halis Saxonum 1896, σ.113 κ.ε.

[168] Εκτός από την παραπάνω υπάρχουν και άλλες κατωιταλιωτικές αγγειογραφίες, οι οποίες χρονολογούνται μεταξύ 370 – 360 π.Χ. και έχουν στοιχεία από τον *Πενθέα* του Αισχύλου και από τις *Βάκχας* του Ευριπίδη: βλ. Ε.Μιμίδου, *Η εικονογραφία των έργων του Ευριπίδη στην τέχνη μέχρι τον 6° μ.Χ. αιώνα*, Αθήνα 2009, σσ.408 – 410.

Δε λείπουν και οι κατωιταλιωτικές αγγειογραφίες του 4^{ου} π.Χ. αιώνα (εικ.23 - 27)[169], στις οποίες παριστάνεται ο Πενθέας οπλισμένος είτε με ξίφος είτε με δόρυ είτε και με τα δύο. Στο έργο του Ευριπίδη, παρότι αναφέρει στο Διόνυσο ότι ενδέχεται να πάρει όπλα μαζί του[170], τελικά πηγαίνει στο χώρο των Βακχών άοπλος[171]. Η March[172], στην προσπάθειά της να δικαιολογήσει το γεγονός ότι ο Πενθέας απεικονίζεται οπλισμένος στα αγγεία, επικαλείται το έργο *Βάκχαι* του Ξενοκλή, το οποίο είχε κερδίσει το πρώτο βραβείο το 415 π.Χ., αλλά παραδέχεται ότι είναι δύσκολο να γίνει δεκτή η σύνδεση των αγγειογραφιών με αυτό, λόγω της ιδιαίτερα αποσπασματικής κατάστασής του. Έτσι, καταλήγει στο ακόλουθο συμπέρασμα: «Μπορεί κανείς να πει με μεγαλύτερη σιγουριά, βάσει των εικονογραφικών τεκμηρίων, ότι οι αγγειογράφοι φαντάζονταν τον Πενθέα ντυμένο με ανδρικά ενδύματα και οπλισμένο να πηγαίνει ενάντια στις Μαινάδες, προτού τον τεμαχίσουν[173]». Παρά την επισήμανσή της ότι ο Πενθέας παριστάνεται πάντοτε με ανδρικά ενδύματα, υπάρχει μια παράσταση σε έναν ερυθρόμορφο απουλικό κωδωνόσχημο κρατήρα, του οποίου η ακριβής χρονολόγηση δε δίνεται (εικ.28)[174], στην οποία ο Πενθέας κρατά κλαδί στον ώμο, έχει το ξίφος του κρεμασμένο και είναι μεταμφιεσμένος σε γυναίκα με ποδήρες ένδυμα. Πίσω του δυο Βάκχες κινούνται προς το μέρος του με ξίφη στα χέρια[175]. Η μεταμφίεση του νέου παραπέμπει στα χωρία του κειμένου, όπου ο Διόνυσος τον συμβουλεύει να ντυθεί με μακρύ ένδυμα και δέρμα από ελάφι, ταινία στο κεφάλι και θύρσο στα χέρια, προκειμένου να εισέλθει στα μέρη των Βακχών: -*Διόνυσος: Πέπλοι*

---

[169] *"Pentheus"*, ό.π., σσ.308 – 309/ *LIMC* VII 2, σσ.251 – 252, εικ.9 – 13/ *"Euripides' Bakchai: A reconsideration in the light of vase – paintings"*, ό.π., σ.36, εικ.2 b, c.

[170] βλ. υποσημ.146.

[171] βλ. Εὐρ. *Βάκ.* 1079 κ.ε.

[172] *"Euripides' Bakchai: A reconsideration in the light of vase – paintings"*, ό.π., σ.37.

[173] βλ. προηγούμενη υποσημείωση.

[174] *"Pentheus"*, ό.π., σ.308/ *LIMC* VII 2, σ.250, εικ.3/ F.Brommer, *Vasenlisten zur griechischen Heldensage*, Elwert, Marburg 1973, σ.486, 14.

[175] *"Pentheus"*, ό.π., σ.308/ *LIMC* VII 2, σ.250, εικ.3.

ποδήρεις. Ἐπί κάρᾳ δ' ἔσται μίτρα...Θύρσον γε χειρί καί νεβροῦ στικτόν δέρας...Πρέπεις δέ Κάδμου θυγατέρων μορφήν μιᾷ[176].

Ας εξετάσουμε τώρα τις παραστάσεις, που απαντούν σε άλλα υλικά: Σε ένα αποσπασματικά σωζόμενο ρωμαϊκό σύμπλεγμα από μάρμαρο, το οποίο χρονολογείται στον 3ο μ.Χ. αιώνα (εικ.29)[177], έχει απεικονιστεί ο Πενθέας ανεβασμένος σε δέντρο. Στο κάτω μέρος του δέντρου μια Μαινάδα αναρριχάται, προκειμένου να τον φτάσει και στην κορυφή του διακρίνεται το χέρι του Διονύσου[178]. Προφανώς εδώ πρόκειται για το επεισόδιο της εκτόξευσης του Πενθέα πάνω σε κλαδί ελάτου από το Διόνυσο, προκειμένου να αντιληφθούν την παρουσία του οι Μαινάδες[179]. Το γεγονός ότι η παράσταση, που περιγράψαμε, απέχει αρκετά χρονολογικά από το έργο του Ευριπίδη φανερώνει ότι είναι πιθανό η επίδρασή του να υπήρξε έμμεση, δεδομένου ότι αρκετοί μεταγενέστεροι συγγραφείς είχαν ασχοληθεί με το συγκεκριμένο μύθο, εκ των οποίων μόνο ο Παυσανίας, *Πενθέα ὑβρίζοντα ἐς Διόνυσον καὶ ἄλλα τολμᾶν λέγουσι καὶ τέλος ἐς τὸν Κιθαιρῶνα ἐλθεῖν ἐπὶ κατασκοπῇ τῶν γυναικῶν, ἀναβάντα δὲ ἐς δένδρον θεάσασθαι τὰ ποιούμενα. Τάς δέ, ὡς ἐφώρασαν, καθελκύσαι τε αὐτίκα Πενθέα καὶ ζῶντος ἀποσπᾶν ἄλλο ἄλλην τοῦ σώματος*[180] -και τον 5ο μ.Χ. αιώνα και ο Νόννος, *Μετερχομένοιο δὲ Βάκχας ποικίλος ἰχνευτῆρι χιτὼν ἐπεσύρετο ταρσῷ....Εἰς πέδον εἰς πέδον εἷλκε κατὰ χθονὸς ἐκταδὰ Πενθεὺς θαλλὸν ἀερσιπότητον, ἐπισφίγγων δὲ φορῆα ὕψι τιταινομένων ἐδράξατο χειρὶ κορύμβων, καὶ πόδας ἔνθα καὶ ἔνθα παλινδίνη-*

---

[176] -Διόνυσος: Πέπλος μακρύς στα πόδια σου, ταινία στο κεφάλι...στο χέρι θύρσο θα κρατάς, γύρω σου ένα παρδαλό δέρμα από ελάφι....Ίδια και απαράλλαχτη του Κάδμου κόρη είσαι: Εὐρ. *Βάκ.* 833, 835, 917.

[177] "Pentheus", ό.π., σ.308/ LIMC VII 2, σ.250, εικ.5.

[178] "Pentheus", ό.π., σ.308/ LIMC VII 2, σ.250, εικ.5.

[179] βλ. υποσημ.25.

[180] Λένε πως ο Πενθέας, στην ασέβειά του προς το Διόνυσο, και άλλα τόλμησε να κάνει και τέλος να πάει στον Κιθαιρώνα για να κατασκοπεύσει τις γυναίκες. Ανέβηκε σε ένα δέντρο και παρατηρούσε τί κάνουν. Εκείνες τον ανακάλυψαν, τον τράβηξαν αμέσως κάτω και του απέσπασαν, ενώ ακόμη ζούσε, η μια το ένα μέλος του σώματός του και η άλλη το άλλο: Παυσ. II, 2, 7 (Για τη μετάφραση βλ. «Εκδοτική Αθηνών»).

τος ἑλίσσων ἄστατος ὀρχηστῆρι τύπῳ κουφίζετο Πενθεύς [181]- κάνει λόγο για την αναρρίχηση του Πενθέα σε δέντρο.

Σε ένα ρωμαϊκό μωσαϊκό δάπεδο του 300 μ.Χ. (εικ.30)[182] έχει α- πεικονιστεί ο Πενθέας επάνω σε δέντρο. Στην αριστερή πλευρά της σύνθεσης διακρίνονται δυο οπλισμένες Βάκχες, οι οποίες κρατούν κομμάτια από το ένδυμά του και πλησιάζουν το δέντρο. Ταυτόχρονα ο πάνθηρας, το ιερό ζώο του Διονύσου, ετοιμάζεται να αναρριχηθεί επάνω στο δέντρο, για να πιάσει το νεαρό άνδρα[183]. Και εδώ πρόκει- ται για το επεισόδιο της αποκάλυψης του Πενθέα από τις Βάκχες και της προσπάθειάς τους να τον ρίξουν από το δέντρο. Και σε αυτή την παράσταση είναι πιθανή η επίδραση του έργου του Ευριπίδη μέσω μεταγενέστερων φιλολογικών πηγών, όπως ο Παυσανίας[184], ο οποίος κάνει λόγο για αναρρίχηση του Πενθέα σε δέντρο, όπως αναφέραμε στην προηγούμενη εικονογραφική σύνθεση και ο Οππιανός, με βάση το κείμενο του οποίου δικαιολογείται η παρουσία του πάνθηρα, δε- δομένου ότι ο Διόνυσος είχε μετατρέψει τις Βάκχες σε πάνθηρες, προκειμένου να κατασπαράξουν τον Πενθέα: *Θὲς δὲ παρὰ σκοπιῆσι, πυρίσπορε, Πενθέα ταῦρον, ταῦρον μὲν Πενθῆα δυ- σώνυμον, ἄμμε δὲ θῆρας ὠμοβόρους, ὀλοοῖσι κορυσσομένας ὀνύχεσσιν...Αἱ δὲ θεοῦ βουλῆσιν ἀμειψάμεναι χρόα καλὸν πορ- δάλιες Πενθῆα παρὰ σκοπέλοισι δάσαντο*[185].

Αυτό που παρατηρούμε είναι ότι στις απεικονίσεις του 3^{ου} και 4^{ου} μ.Χ. αιώνα ο Πενθέας παρουσιάζεται ανεβασμένος πάνω σε δέντρο να καταδιώκεται από τις Βάκχες και τον πάνθηρα του Διονύσου, σε αντίθεση με τις αγγειογραφίες, στις οποίες ο νέος βρίσκεται κοντά σε δέντρο ή ανάμεσα σε δέντρα. Ακόμη και σε αυτές τις τόσο μεταγε- νέστερες του ευριπίδειου έργου εικονογραφικές συνθέσεις υπάρχει

---

[181] Νόνν. *Διόν.* XLVI, 110 – 116, 153 – 156, 209 – 216.

[182] *"Pentheus"*, ό.π., σ.308/ *LIMC* VII 2, σ.250, εικ.4/ J.M.C.Toynbee – A.Perkins, *The Shrine of St.Peter and the Vatican excavations*, London Longmans, Green, New York 1956, σσ.71 - 72, εικ.19/ E.Tomasello, *"Rappresentazioni figu- rate del mito di Penteo"*, *Sic. Gym.* 11, 1958, σσ.233 - 234, εικ.9.

[183] *"Pentheus"*, ό.π., σ.308.

[184] βλ. υποσημ.180.

[185] Ὀππ. *Κυν.* IV, 303 – 305, 314 – 315.

επίδραση των *Βακχῶν* μέσω πηγών, όπως ο Παυσανίας και ο Οππιανός.

Το επόμενο επεισόδιο, που υιοθετήθηκε από την τέχνη, είναι ο διαμελισμός του Πενθέα από τις Βάκχες και απαντά σε αγγεία χρονολογούμενα από τον 6ο π.Χ. μέχρι τον 3ο μ.Χ. αιώνα, σε ανάγλυφο του 2ου μ.Χ. αιώνα, σε τοιχογραφία του 1ου μ.Χ. αιώνα, σε σαρκοφάγο του 2ου μ.Χ. αιώνα, σε τεφροδόχο κάλπη και σε χάλκινη κύστη του 3ου μ.Χ. αιώνα. Οι παλαιότερες παραστάσεις προέρχονται από την Αθήνα του ύστερου 6ου π.Χ. αιώνα[186]. Ας ξεκινήσουμε με τις αγγειογραφίες: Η πιο παλιά εντοπίστηκε σε έναν αποσπασματικά σωζόμενο ενεπίγραφο αττικό ψυκτήρα του Ευφρονίου, ο οποίος χρονολογείται μεταξύ 520 – 510 π.Χ. (εικ.31)[187]. Σε ένα από τα θραύσματα του αγγείου διακρίνεται στο κέντρο της σύνθεσης ο Πενθέας, τον οποίο τραβούν από τους βραχίονες δύο Βάκχες. Μάλιστα η μια από τις δύο φέρει το όνομα «ΓΑΛΕΝΕ»[188]. Στην αριστερή πλευρά της σύνθεσης έχει απεικονιστεί και μια τρίτη Μαινάδα να τρέχει προς το μέρος του Πενθέα κρατώντας ένα θύρσο στο αριστερό χέρι. Το γεγονός ότι ο αγγειογράφος έχει ονομάσει τη μια από τις τρεις Βάκχες Γαλήνη είναι λογικό, δεδομένου ότι μια από τις Βάκχες του Κιθαιρώνα έφερε το όνομα Γαλήνη, λόγω του προσωνυμίου *γαληναῖος*, που αποδιδόταν στο Διόνυσο[189]. Αυτή η παράσταση δε θα μπορούσε να είναι επηρεασμένη ούτε από το έργο του Ευριπίδη, λόγω του ότι φιλοτεχνήθηκε πολύ πριν από την εποχή της συγγραφής του, ούτε από το έργο του Αισχύλου, ο οποίος γεννήθηκε το 525 π.Χ., εποχή που διακοσμήθηκε ο ψυκτήρας. Το πιθανότερο είναι ότι είχε δεχτεί

---

[186] *"Pentheus"*, ό.π., σ.315, *Kommentar*.

[187] J.D.Beazley, *Attic Red – figure Vase – painters*, τ.I – III, Clarendon Press, Oxford 1963, σσ.16, 14, 1619/ *"Pentheus"*, ό.π., σ.312, εικ.39/ *LIMC* VII 2, σ.257, εικ.39/ P.Hartwig, *"Der Tod des Pentheus"*, *JdI* 7, 1892, σσ.157 - 158, εικ.5/ S.Drougou, *Der attische Psykter*, Triltsch, Würtzburg 1975, σσ.60 – 63, εικ.6 A, 22/ *"Euripides' Bakchai: A reconsideration in the light of vase – paintings"*, ό.π., σ.50, εικ.4.

[188] *"Pentheus"*, ό.π., σ.312, εικ.39/ *"Euripides' Bakchai: A reconsideration in the light of vase – paintings"*, ό.π., σ.50.

[189] βλ. υποσημ.186.

44

επίδραση από την τραγωδία *Πενθεύς* του Θέσπη, η οποία χρονολογείται στον 6° π.Χ. αιώνα[190]. Η ύπαρξη τόσο πρώιμων παραστάσεων σχετιζόμενων με το μύθο του Πενθέα φανερώνει ότι η προγενέστερη του Ευριπίδη φιλολογική παράδοση πρέπει να είχε ασκήσει επίδραση και στην τέχνη και στο έργο του μεγάλου τραγικού και συγκεκριμένα στο χωρίο όπου περιγράφει το διαμελισμό του Πενθέα[191].

Σε ένα κατωιταλιωτικό ανάγλυφο αγγείο του 3[ου] π.Χ. αιώνα (εικ.32)[192] παριστάνεται ο Πενθέας γονατισμένος στην ασπίδα του να δέχεται την επίθεση πάνθηρα και Βάκχης με κυνηγετική ενδυμασία και θύρσο[193] ή της προσωποποίησης της Λύσσας[194]. Το γεγονός ότι ο Πενθέας είναι οπλισμένος με ασπίδα δε συμφωνεί με το ευριπίδειο κείμενο, στο οποίο δε γίνεται καμία αναφορά σε οπλισμό του, όταν πλέον έχει φτάσει στο χώρο των Βακχών[195]. Η απεικόνιση του πάνθηρα δικαιολογείται, επειδή υπαινίσσεται την παρουσία του Διονύσου, δεδομένου ότι αποτελούσε το ιερό ζώο του θεού, όπως αναφέρθηκε και σε προηγούμενη παράσταση. Το γεγονός ότι για τη γυναικεία μορφή προτείνεται η ταύτιση με τη Λύσσα παραπέμπει σε εκείνο το χωρίο του κειμένου, στο οποίο ο χορός αποκαλεί τις Βάκχες *τῆς Λύσσας κύνες. -Χορός: Ἴτε θοαί Λύσσας κύνες ἴτ᾽ εἰς ὄρος, θίασον ἔνθ᾽ ἔχουσι Κάδμου κόραι*[196]. Ίσως είναι πιο πιθανή

---

[190] *1 c.Ἔργῳ νόμιζε νεβρίδ᾽ ἔχειν ἐπενδύτην:* Σε αυτό το απόσπασμα γίνεται λόγος για κάποιο άτομο, το Διόνυσο ή μια από τις Βάκχες, ντυμένο με δέρμα ελαφιού: B.Snell, *Tragicorum Graecorum Fragmenta*, τ.1, Vandenhoeck und Ruprecht, Göttingen 1986, σ.65, ἀπόσπ. 1 c.

[191] βλ. υποσημ.26 - 28/ Για περισσότερες εικονογραφικές συνθέσεις προγενέστερες των *Βακχῶν* βλ. *Η εικονογραφία των έργων του Ευριπίδη στην τέχνη μέχρι τον 6° μ.Χ. αιώνα,* ό.π., σ.413.

[192] *"Pentheus",* ό.π., σ.309/ *LIMC* VII 2, σ.252, εικ.17 b/ G.M.A.Richter, *"Calenian pottery and classical greek metalware", AJA* 63, 1959, σ.245, εικ.55, 39.

[193] *"Calenian pottery and classical greek metalware",* ό.π., σ.245.

[194] *"Pentheus",* ό.π., σ.309/ *LIMC* VII 2, σ.252, εικ.17 b, c.

[195] βλ. Εὐρ. *Βάκ.* 1079 κ.ε.

[196] -Χορός: Της Λύσσας σκύλες γρήγορα τραβάτε για το όρος, όπου έχουν στήσει τους χορούς του Κάδμου οι κορασίδες: Εὐρ. *Βάκ.* 977 - 978 βλ. *"Pentheus",* ό.π., σ.315, *Kommentar.*

η ταύτιση της γυναικείας μορφής όχι με οποιαδήποτε Μαινάδα, όπως προτείνει η Richter[197], αλλά με τη μητέρα του Πενθέα, την οποία ο νέος ικετεύει να μην τον σκοτώσει τη στιγμή που εκείνη βρίσκεται σε κατάσταση ένθεης μανίας και δεν καταλαβαίνει: -Ἄγγελος: «Ἐγὼ τοι, μῆτερ, εἰμί, παῖς σέθεν Πενθεύς, ὃν ἔτεκες ἐν δόμοις Ἐχίονος. Οἴκτιρε δ᾽ ὦ μῆτέρ με, μηδὲ ταῖς ἐμαῖς ἁμαρτίαισι παῖδα σὸν κατακτάνῃς». Ἡ δ᾽ ἀφρὸν ἐξιεῖσα καὶ διαστρόφους κόρας ἑλίσσουσ᾽, οὐ φρονοῦσ᾽ ἃ χρή φρονεῖν, ἐκ Βακχίου κατείχετ᾽, οὐδ᾽ ἔπειθέ νιν[198]. Ενδεχομένως, ο καλλιτέχνης συμπεριέλαβε στην εικονογραφική του σύνθεση μόνο μια Μαινάδα, λόγω της περιορισμένης επιφάνειας του αγγείου και γι᾽ αυτό το πλέον πιθανό είναι ότι είχε κατά νου την πρώτη που επιτέθηκε στον Πενθέα, τη μητέρα του. Επειδή η συγκεκριμένη παράσταση απέχει αρκετά χρονολογικά από το έργο του Ευριπίδη, δεν αποκλείεται να είχε δεχτεί την επίδρασή του μέσω μεταγενέστερων φιλολογικών πηγών, όπως ο Θεόκριτος και ο Πακούβιος, οι οποίοι μιλούν για το διαμελισμό του Πενθέα από τη μητέρα και τις θείες του: Μάτηρ μὲν κεφαλὰν μυκήσατο παιδὸς ἑλοῖσα, ὅσσον περ τοκάδος τελέθει μύκημα λεαίνας. Ἰνὼ δ᾽ ἐξέρρηξε σὺν ὠμοπλάτᾳ μέγαν ὦμον, λὰξ ἐπὶ γαστέρα βᾶσα, καὶ Αὐτονόας ῥυθμὸς ωὗτός. Αἱ δ᾽ ἄλλαι τὰ περισσὰ κρεανομέοντο γυναῖκες[199]. Quem visum Bacchae discerpserunt. Prima autem Agaue mater eius amputasse caput dicitur, feram esse existimans[200].

Στο μετάλλιο μίας αργυρής κύλικας του 150 π.Χ. (εικ.33)[201] έχει απεικονιστεί ο Πενθέας καθισμένος στο έδαφος και τρεις Βάκχες

[197] βλ. υποσημ.193.

[198] -Αγγελιαφόρος: Ἐγώ είμαι, μανούλα μου, ο γιος σου, ο Πενθέας, εγώ, που εσύ γέννησες στον Εχίονα το σπίτι. Μητέρα μου, λυπήσου με, το γιο σου μη σκοτώνεις, γιατί έσφαλε και αμάρτησε'. Ξελογιασμένη στα μυαλά και με αφρούς στο στόμα, τα μάτια της εγούρλωνε, στριφογυρίζοντάς τα του Βάκχου η μανιασμένη κι ούτε καν που τον άκουγε: Εὐρ. Βάκ. 1118 - 1124.

[199] Θεόκρ. Βάκ. XXVI, 20 – 24.

[200] Πακούβ. Pen.: O.Ribbeck, Scaenicae Romanorum poesis Fragmenta, τ.Ι, in aedibus B.G.Teubneri, Lipsiae 1897 - 1898, σσ.127 – 128.

[201] "Pentheus", ό.π., σ.310/ LIMC VII 2, σ.254, εικ.27.

46

γύρω του. Η πρώτη τον τραβά από τον αριστερό ώμο και γι' αυτό το λόγο ταυτίζεται με την Αγαύη, βάσει του ευριπίδειου δράματος[202]. Η δεύτερη τον έχει πιάσει από το δεξιό καρπό και η τρίτη του τραβά το δεξί πόδι. Οι δύο άλλες Βάκχες θα μπορούσαν να συνδεθούν με την Ινώ και την Αυτονόη, σύμφωνα με το έργο του Ευριπίδη[203]. Το γεγονός ότι το συγκεκριμένο αγγείο χρονολογείται στα μέσα του 2[ου] π.Χ. αιώνα, καθιστά πιθανή την επιρροή του ευριπίδειου έργου μέσω μεταγενέστερων φιλολογικών πηγών, όπως ο Θεόκριτος και ο Πακούβιος[204].

Σε ένα θραύσμα από γαλλορρωμαϊκό αγγείο των μέσων του 1[ου] μ.Χ. αιώνα (εικ.34)[205] παριστάνεται ο Πενθέας γονατισμένος και δεξιά του μια Βάκχη, η οποία του τραβά το χέρι. Στο κάτω μέρος της σύνθεσης διακρίνεται πάνθηρας. Σε ό,τι αφορά τον πάνθηρα, δικαιολογήσαμε ήδη την παρουσία του στο σχολιασμό της εικόνας 32. Η Μαινάδα, που του τραβά το χέρι, θα μπορούσε να ταυτιστεί με την Αγαύη, σύμφωνα με το ευριπίδειο δράμα[206]. Σε αυτή την απεικόνιση του 1[ου] μ.Χ. αιώνα είναι πιθανή η επίδραση του έργου του Ευριπίδη μέσω μεταγενέστερων πηγών, όπως ο Οβίδιος, από τον οποίο πληροφορούμαστε ότι η Αυτονόη και όχι η Αγαύη έκοψε το δεξί χέρι του Πενθέα: *Saucius ille tamen 'fer opem, matertera' dixit 'Autonoe! Moveant animos Actaeonis umbrae!' illa, quis Actaeon, nescit dextramque precanti abstulit*[207]. Εκτός αυτού, το έργο του Οβιδίου βρίσκεται πιο κοντά χρονολογικά στην εποχή φιλοτέχνησής της.

Σε μια ρωμαϊκή ανάγλυφη πελίκη των μέσων του 3[ου] μ.Χ. αιώνα (εικ.35)[208] ο Πενθέας είναι γονατισμένος και μια Μαινάδα τον πιάνει από τα μαλλιά έτοιμη να τον χτυπήσει με θύρσο. Δεξιά του άλλη μια Μαινάδα τον πλησιάζει με ξίφος στο δεξί χέρι και αριστερά του μια

---

[202] βλ. υποσημ.26, 27/ *"Pentheus"*, ό.π., σ.310/ *LIMC* VII 2, σ.254, εικ.27.
[203] βλ. υποσημ.28.
[204] βλ. υποσημ.199, 200.
[205] *"Pentheus"*, ό.π., σ.310/ *LIMC* VII 2, σ.255, εικ.29.
[206] βλ. υποσημ.27.
[207] Ὀβίδ. *Met.* III, 719 – 722.
[208] *"Pentheus"*, ό.π., σ.311, εικ.38.

τελευταία κόβει κλαδιά από ένα δέντρο[209]. Και σε αυτή την παρά-
σταση υπάρχει επίδραση τόσο από το έργο του μεγάλου τραγικού
λόγω της ύπαρξης του δέντρου και των κινήσεων των Βακχών[210] όσο
και από μεταγενέστερες πηγές, όπως ο Οβίδιος, χάρη στη διήγηση
του οποίου μπορούμε να ταυτίσουμε τις Βάκχες, που βρίσκονται ε-
κατέρωθέν του, με την Ινώ και την Αυτονόη και εκείνη, που τον πιά-
νει από τα μαλλιά, με την Αγαύη: *(Autonoe) dextramque precanti
abstulit, Inoo lacerata est altera raptu...Visus ululavit Agaue col-
laque iactavit movitque per aera crinem avulsumque caput digitis
conplexa cruentis clamat*[211]. Πιθανή θα μπορούσε να θεωρηθεί και η
επίδραση του Υγίνου, ο οποίος κάνει λόγο για το διαμελισμό του
Πενθέα από τη μητέρα του και τις αδερφές της: *Ob hoc eum Agaue
mater cum sororibus Ino et Autonoe per insaniam a Libero obiectam
membratim laniavit*[212]. Τέλος, η ύπαρξη του δέντρου παραπέμπει στο
χωρίο του Παυσανία, το οποίο παρατέθηκε παραπάνω[213].

Οι παραστάσεις των αγγείων, που παρουσιάσαμε, χρονολογούνται
από τον ύστερο 6ο π.Χ. μέχρι τα μέσα του 3ου μ.Χ. αιώνα. Περιλαμ-
βάνουν στοιχεία από το έργο του Ευριπίδη και από προγενέστερες
και μεταγενέστερες φιλολογικές πηγές, όπως ο Θέσπης, ο Αισχύλος,
ο Θεόκριτος, ο Πακούβιος, ο Οβίδιος, ο Υγίνος και ο Παυσανίας,
που είχαν δεχτεί σε σημαντικό βαθμό την επιρροή του έργου του με-
γάλου τραγικού, όπως ήδη επισημάνθηκε.

Ρωμαϊκό ανάγλυφο: Σε ένα ρωμαϊκό ανάγλυφο από μάρμαρο, το
οποίο χρονολογείται μεταξύ 165 – 170 μ.Χ. (εικ.36)[214], έχει απεικο-
νιστεί στο κέντρο ο Πενθέας να δέχεται την επίθεση Βακχών και
πάνθηρα. Η μια τον τραβά από το αριστερό χέρι, η άλλη από τα μαλ-
λιά και η τρίτη από το δεξί πόδι. Ο πάνθηρας του δαγκώνει το αρι-

[209] βλ. προηγούμενη υποσημείωση.
[210] βλ. υποσημ.25 - 28.
[211] Ὀβίδ. *Met.* III, 721 - 722, 725 – 728.
[212] Ὑγῖν. *Fab.* 184.
[213] βλ. υποσημ.180.
[214] *"Pentheus"*, ό.π., σ.310 - 311, εικ.31/ *Die antiken Sarkophagreliefs*, ό.π.,
τ.IV, σ.414, εικ.252, 1/ *"Rappresentazioni figurate del mito di Penteo"*, ό.π.,
σ.232.

48

στερό πόδι. Άλλη μια Βάκχη σπεύδει από την αριστερή πλευρά της σύνθεσης. Πίσω της υπάρχουν δύο γυναικείες μορφές, οι οποίες ταυτίζονται με τη Λύσσα, τη μορφή με το φίδι και με τη Δίρκη (;)[215]. Τη δεξιά πλευρά της παράστασης καταλαμβάνουν δύο Κένταυροι και ένας Σάτυρος[216]. Στο κεντρικό τμήμα, στο οποίο παριστάνεται η εξόντωση του Πενθέα, υπάρχει συμφωνία με το ευριπίδειο δράμα[217]. Ακόμη, η ταύτιση της γυναικείας μορφής με το φίδι με τη Λύσσα παραπέμπει στο χωρίο του κειμένου, όπου ο χορός χαρακτηρίζει τις Μαινάδες ως *τῆς Λύσσας κύνες: -Χορός: Ἴτε θοαί Λύσσας κύνες ἴτ’ εἰς ὄρος, θίασον ἔνθ’ ἔχουσι Κάδμου κόραι*[218]. Σε ό,τι αφορά τη σύνδεση της δεύτερης γυναίκας με τη Δίρκη, θα μπορούσε να γίνει αποδεκτή, λόγω του ότι η ιστορία της παρουσιάζει ομοιότητες με την αντίστοιχη του Πενθέα: Η Δίρκη ζήτησε από τον Αμφίονα και το Ζήθο να τιμωρήσουν την Αντιόπη δένοντάς τη στην πλάτη ταύρου. Οι δύο νέοι, μόλις ανακάλυψαν ότι η γυναίκα, που επρόκειτο να τιμωρήσουν, ήταν μητέρα τους αποφάσισαν να εκδικηθούν τη Δίρκη δένοντας εκείνη στην πλάτη ταύρου[219]. Αντιστοίχως, ο Πενθέας θέλοντας να στραφεί ενάντια στις Μαινάδες και στη λατρεία του Διονύσου δέχτηκε τη «βοήθεια» του ίδιου του Διονύσου, για να πάει στον Κιθαιρώνα και τελικά τιμωρήθηκε από το θεό και τις ακολούθους του για την ασέβειά του, όπως τιμωρήθηκε και η Δίρκη για το κακό, που παραλίγο θα προξενούσε στον Αμφίονα και το Ζήθο. Τέλος, οι δύο Κένταυροι και ο Σάτυρος ενδέχεται να συμβολίζουν τη

---

[215] *"Pentheus"*, ό.π., σ.310 - 311, εικ.31

[216] βλ. προηγούμενη υποσημείωση.

[217] βλ. υποσημ.25 – 28.

[218] -Χορός: Της Λύσσας σκύλες γρήγορα τραβάτε για το όρος, όπου έχουν στήσει τους χορούς του Κάδμου οι κορασίδες: Εὐρ. *Βάκ.* 977 - 978 βλ. *"Pentheus"*, ό.π., σ.315, *Kommentar*.

[219] Για την υπόθεση του ευριπίδειου δράματος *Ἀντιόπη* βλ. *Ἡ δὲ φεύγει, καὶ ληφθεῖσα πάλιν τοῖς ἑαυτοῖς παισὶν ἐκδίδοται. Ἐνταῦθα δὲ ἐκκαλύπτει ὁ τροφεὺς βουκόλος τὸ γεγονός. Οἱ δὲ τὴν μὲν Ἀντιόπην σώζουσιν, τὴν δὲ Δίρκην ἐξ ἀγρίου ταύρου προσδήσαντες διαφθείρουσι. Μεταπεμψάμενοι δὲ τὸν Λύκον, ὡς ἐκδώσοντες τὴν Ἀντιόπην, σφάττειν ἔμελλον. Ἑρμῆς δὲ ἐκώλυσε, τῷ Λύκῳ δὲ ἐκχωρεῖν τῆς βασιλείας προσέταξεν:* Σχ. Ἀπολλ. Ῥόδ. Ἀργον. IV, 1090.

συνοδεία του Διονύσου. Σε αυτή την παράσταση του 2^{ου} μ.Χ. αιώνα δεν αποκλείεται η επίδραση μεταγενέστερων του Ευριπίδη φιλολογικών πηγών, όπως ο Οβίδιος και ο Υγίνος, οι οποίοι κάνουν λόγο για το διαμελισμό του Πενθέα από τη μητέρα του και τις αδερφές της[220].

Τοιχογραφία: Σε μια τοιχογραφία από την Πομπηία, η οποία χρονολογείται στο 70 μ.Χ. (εικ.37)[221], έχει απεικονιστεί στο κέντρο της σύνθεσης ο Πενθέας με λυγισμένο το αριστερό πόδι και τρεις Βάκχες, που έχουν ορμήσει επάνω του. Η μια τον τραβά από τα μαλλιά και ετοιμάζεται να τον χτυπήσει με το θύρσο της, η άλλη τον τραβά από το αριστερό χέρι και η τρίτη ετοιμάζεται να του καταφέρει χτύπημα με πέτρα στο κεφάλι. Δεξιά και αριστερά της σύνθεσης έχουν τοποθετηθεί δύο Ερινύες με πυρσό και μαστίγιο[222]. Κάτω από τα πόδια του Πενθέα υπάρχει ένα δόρυ. Σύμφωνα με την Talfourd[223], η Μαινάδα, που τραβά τον Πενθέα από το αριστερό χέρι, ταυτίζεται με την Αγαύη, λόγω του έργου του Ευριπίδη[224]. Οι άλλες δύο Βάκχες θα μπορούσαν να συνδεθούν με τις θείες του, την Ινώ και την Αυτονόη[225]. Οι δύο Ερινύες στα άκρα της σύνθεσης ενδέχεται να έχουν ρόλο συμπληρωματικών μορφών, οι οποίες δημιουργούν περισσότερη ένταση στη σκηνή, λόγω του ότι κρατούν πυρσούς και μαστίγια επικροτώντας έτσι την τιμωρία του Πενθέα. Ας προχωρήσουμε και σε μια δεύτερη εκδοχή: Μπορεί να προοιωνίζονται τη δεινή ψυχολο-

---

[220] βλ. υποσημ.211, 212/ Για παρόμοιες παραστάσεις βλ. *Η εικονογραφία των έργων του Ευριπίδη στην τέχνη μέχρι τον 6^ο μ.Χ. αιώνα*, ό.π., σσ.417 – 418 και "*Pentheus*", ό.π., σσ.310 - 311, εικ.32/ *LIMC* VII 2, σ.255, εικ.32.

[221] "*Pentheus*", ό.π., σ.310, εικ.28/ *LIMC* VII 2, σ.255, εικ.28/ E.Talfourd, "*Pompeian Paintings*", *JHS* VXI, 1896, σσ.151 – 153, εικ.3/ "*Iconographie des 'Bacchantes' d' Euripide*", ό.π., σσ.59 - 60, ν.143, εικ.9 a/ B.Andreae, *Motivgeschichtliche Untersuchungen zu den römischen Schlachtsarkophagen*, Mann, Berlin 1956, σσ.62 – 65/ *Die Wände Pompejis: Topographisches ver zeichnis der Bildmotive*, ό.π., σ.144/ "*Rappresentazioni figurate del mito di Penteo*", ό.π., σ.235, εικ.11/ W.C.Archer, *The Paintings of the Casa dei Vetii in Pompei*, Italia 1981, σσ.447 – 464.

[222] "*Iconographie des 'Bacchantes' d' Euripide*", ό.π., σ.59.

[223] "*Pompeian Paintings*", ό.π., σ.152.

[224] βλ. υποσημ.26, 27.

[225] βλ. προηγούμενη υποσημείωση.

γική κατάσταση, στην οποία θα περιέλθει η Αγαύη, όταν πλέον κα-
ταλάβει ότι δεν έχει σκοτώσει λιοντάρι, αλλά τον ίδιο της το γιο: -
Ἀγαύη: Ἔα, τί λεύσσω; Τί φέρομαι τόδ᾽ ἐν χεροῖν; Οὔκ, ἀλλά
Πενθέως ἡ τάλαινα ἔχω κάρα[226]. Το γεγονός της χρονολόγησης
της παράστασης στον 1ο μ.Χ. αιώνα πιθανότατα δηλώνει επίδραση
του έργου του Ευριπίδη μέσω μεταγενέστερων φιλολογικών πηγών,
όπως ο Οβίδιος, ο οποίος περιγράφει το διαμελισμό του Πενθέα από
τη μητέρα και τις θείες του με τρόπο που παραπέμπει στο έργο του
Ευριπίδη, όπως επισημάνθηκε παραπάνω[227].

Ρωμαϊκή σαρκοφάγος: Σε κάλυμμα ρωμαϊκής σαρκοφάγου, που
χρονολογείται μεταξύ 165 – 170 μ.Χ. (εικ.38)[228], έχει απεικονιστεί ο
Πενθέας αναίσθητος την ώρα που τρεις Βάκχες του επιτίθενται: Η
πρώτη τον τραβά από το αριστερό χέρι, η δεύτερη από το δεξί πόδι
και η τρίτη ετοιμάζεται να τον χτυπήσει με έναν κορμό δέντρου. Στη
δεξιά πλευρά της σύνθεσης υπάρχει μια τέταρτη Βάκχη και στην α-
ριστερή ένα δέντρο. Αυτό που παρατηρούμε είναι ότι και σε αυτή
την παράσταση ο καλλιτέχνης είχε δεχτεί την επιρροή του ευριπίδει-
ου έργου, λόγω του ότι πρώτον ο τρόπος εξόντωσης του Πενθέα
συμφωνεί σε γενικές γραμμές με το κείμενο[229] και δεύτερον η πα-
ρουσία του δέντρου θυμίζει το έλατο, πάνω στο οποίο ο Διόνυσος
ανέβασε τον Πενθέα, προκειμένου να τον δουν οι Βάκχες[230]. Η χρο-
νολόγησή της στο 2ο μ.Χ. αιώνα καθιστά πιθανή την επίδραση του

---

[226] -Αγαύη: Θεέ μου, αχ, τί βλέπω! Τί κουβαλάω στα χέρια μου!...Ααχ, του
Πενθέα μου κρατώ, η δόλια, το κεφάλι! Εὐρ. *Βάκ.* 1280, 1284.

[227] βλ. υποσημ.211.

[228] "Pentheus", ό.π., σ.310, εικ.30/ *LIMC* VII 2, σ.255, εικ.30/ O.Jahn, *Pen-
theus und die Mainaden,* Germany 1841, εικ.3 b/ *Die antiken Sarkophagreliefs,*
ό.π., τ.IV, ν.230 A, εικ.255/ "*Iconographie des 'Bacchantes' d' Euripide*", ό.π.,
σ.61, ν.145/ E.Arias, *Camposanto Monumentale di Pisa. Le Antichità,* Italy 1977,
σσ.146 – 148, C 18, εικ.86, 87.

[229] βλ. υποσημ.27, 28.

[230] βλ. υποσημ.25.

δράματος του Ευριπίδη μέσω μεταγενέστερων πηγών, όπως ο Οβίδιος και ο Υγίνος[231].

Τεφροδόχος κάλπη: Σε μια ρωμαϊκή τεφροδόχο κάλπη χρονολογούμενη μεταξύ 180 – 220 μ.Χ. (εικ.39)[232] παριστάνεται ο Πενθέας μπροστά από ένα δέντρο να δέχεται την επίθεση τριών Βακχών, της μητέρας του, της Ινούς και της Αυτονόης[233]. Η πρώτη του τραβά το αριστερό χέρι, η δεύτερη τον πιάνει από τα μαλλιά και η τρίτη κόβει ένα κλαδί από το δέντρο. Στην αριστερή πλευρά διακρίνεται ο Διόνυσος με την ακολουθία του, η οποία απαρτίζεται από Σατύρους, Παπποσιληνό και πάνθηρα. Και σε αυτή την απεικόνιση είναι φανερή η επιρροή του ευριπίδειου δράματος, σε ό,τι αφορά τον τρόπο εξόντωσης του Πενθέα[234]. Η ύπαρξη του δέντρου είναι λογική, όπως αναλύσαμε στην προηγούμενη εικονογραφική σύνθεση. Η παρουσία του Διονύσου και των ακολούθων του δικαιολογείται απόλυτα, λόγω του ότι ο συγκεκριμένος θεός ήταν υπεύθυνος για την τραγική κατάληξη του Πενθέα. Το γεγονός ότι η τεφροδόχος κάλπη χρονολογείται στο τέλος του 2ου ή στις αρχές του 3ου μ.Χ. αιώνα καθιστά πιθανή την επιρροή των *Βακχών* μέσω του Οβιδίου και του Υγίνου[235].

Χάλκινη κύστη: Σε μια χάλκινη κύστη από την Πραινεστό των μέσων του 3ου μ.Χ. αιώνα (εικ.40)[236] στη δεξιά πλευρά ένας Σιληνός και δύο Μαινάδες προσπαθούν να εξοντώσουν τον Πενθέα, ο οποίος φορά ποδήρες ένδυμα[237]: Η μια τον κρατά από το αριστερό χέρι και η άλλη τον πιάνει από τα μαλλιά. Οι δύο γυναίκες κρατούν ξίφος και

[231] βλ. υποσημ.211, 212/ Για ανάλογες παραστάσεις βλ. *Η εικονογραφία των έργων του Ευριπίδη στην τέχνη μέχρι τον 6ο μ.Χ. αιώνα*, ό.π., σ.420 και *"Pentheus"*, ό.π., σ.311, εικ.35/ *LIMC* VII 2, σ.256, εικ.35.

[232] *"Pentheus"*, ό.π., σ.311, εικ.34/ *LIMC* VII 2, σ.255, εικ.34/ M.B.Comstock – C.C.Vermeule, *Sculpture in Stone: The Greek, Roman and Etruscan collection of the Museum of Fne Arts*, Museum of Fine Arts, Boston 1976, σσ.151 - 152, v.243.

[233] *Sculpture in Stone: The Greek, Roman and Etruscan collection of the Museum of Fine Arts*, ό.π., σ.152, v.243.

[234] βλ. υποσημ.27, 28.

[235] βλ. υποσημ.211, 212.

[236] *"Pentheus"*, ό.π., σσ.309 - 310, εικ.19/ *LIMC* VII 2, σ.253, εικ.19.

[237] *"Pentheus"*, ό.π., σ.310, εικ.19.

θύρσο. Αριστερά του υπάρχει ένα μικρό δέντρο. Στην αριστερή πλευρά της σύνθεσης έχει απεικονιστεί ο Διόνυσος με τον πάνθηρά του, δύο Βάκχες και ένας Σάτυρος. Σε αυτή την εικονογραφική σύνθεση θα μπορούσαμε να μιλήσουμε για επίδραση του ευριπίδειου δράματος, μόνο που σε σχέση με τις προηγούμενες δεν παρατηρούμε καμία ένταση και δραματικότητα, εξαιτίας της στατικότητας των Μαινάδων και του Πενθέα, ο οποίος δεν αντιδρά καθόλου, αλλά παραμένει ακίνητος. Για την παρουσία του Διονύσου και της ακολουθίας του έγινε λόγος παραπάνω. Η όψιμη χρονολόγηση της συγκεκριμένης απεικόνισης στα μέσα του 3ου μ..Χ. αιώνα δεν αποκλείει την επιρροή του ευριπίδειου δράματος μέσω μεταγενέστερων φιλολογικών πηγών, όπως ο Οβίδιος, ο Υγίνος και ο Παυσανίας[238]. Η παράσταση αυτή είναι η δεύτερη, στην οποία ο Πενθέας φορά ποδήρες ένδυμα, στοιχείο που οδηγεί σε συγκεκριμένα χωρία του έργου του Ευριπίδη, στα οποία γίνεται λόγος για την ανάγκη μεταμφίεσης του νέου[239].

Το επόμενο επεισόδιο, που υιοθετήθηκε από την τέχνη, είναι το εξής: Οι Μαινάδες με τα μέλη του σώματος του Πενθέα στα χέρια. Οι παραστάσεις, που θα εξετάσουμε, χρονολογούνται στο τέλος της Αρχαϊκής και στις αρχές της Κλασικής Εποχής, δηλαδή μεταξύ 500 – 480 π.Χ. Λόγω της πρώιμης χρονολόγησής τους δε θα μπορούσαν να είναι επηρεασμένες από το έργο του Ευριπίδη, το οποίο διδάχτηκε το 407 π.Χ. Αντιθέτως, θα ήταν πιο ορθό να συνδεθούν με την τραγωδία του 6ου π.Χ. αιώνα Πενθεύς του Θέσπη[240] και με την ομώνυμη τραγωδία του Αισχύλου[241], οι οποίες πιθανότατα είχαν αποτελέσει πηγή έμπνευσης και για το έργο του Ευριπίδη.

Σε μια αττική ερυθρόμορφη υδρία του 500 π.Χ. (εικ.41)[242] έχουν απεικονιστεί τρεις Βάκχες με μέλη από το σώμα του Πενθέα στα χέρια. Οι δύο κρατούν τα άκρα και το θώρακά του και εκείνη που προ-

---

[238] βλ. υποσημ.211, 212, 180.
[239] βλ. και εικ.28.
[240] βλ. υποσημ.190.
[241] βλ. υποσημ.165.
[242] "Pentheus", ό.π., σ.312, εικ.40/ LIMC VII 2, σ.257, εικ.40/ Ι.Θ.Κακριδής, Ελληνική Μυθολογία, Οι ήρωες, Εκδοτική Αθηνών, Αθήνα 1986, τ.3, σ.75, εικ.40.

ηγείται, η Αγαύη, κρατά το κεφάλι του νέου[243]. Διαβάζοντας κανείς το έργο του Ευριπίδη στο σημείο που μιλά για τις ενέργειες των Μαινάδων μετά το διαμελισμό του Πενθέα, καταλήγει στο συμπέρασμα ότι η προγενέστερη φιλολογική παράδοση, που αντικατοπτρίζεται στις αγγειογραφίες του 500 – 480 π.Χ., πρέπει να είχε ασκήσει επιρροή στο έργο του μεγάλου τραγικού[244]. Ανάλογες παραστάσεις απαντούν σε μια αττική ερυθρόμορφη κύλικα, η οποία χρονολογείται γύρω στο 500 π.Χ.[245] και σε έναν αττικό ερυθρόμορφο στάμνο του 490/480 π.Χ.[246].

Στη μια όψη μίας αττικής ερυθρόμορφης κύλικας του 480 π.Χ. του «Ζωγράφου του Δούριδος» (εικ.42)[247] έχει απεικονιστεί ο Διόνυσος καθισμένος σε δίφρο να κοιτάζει προς το μέρος ενός Σατύρου, ο οποίος παίζει διπλό αυλό. Εκατέρωθέν τους διακρίνονται Μαινάδες με κομμένα μέλη από το σώμα του Πενθέα. Στην άλλη όψη της κύλικας δύο Βάκχες με δορά πάνθηρα στην πλάτη[248] διαμελίζουν το σώμα του Πενθέα, μια άλλη κρατά το ένα ήδη κομμένο πόδι του και μια τελευταία, η οποία ταυτίζεται με την Αγαύη[249], το ένδυμά του. Παρών στη σκηνή είναι και ένας ορχούμενος Σάτυρος. Προφανώς αυτή η αγγειογραφία απηχεί το θρίαμβο του Διονύσου και την επικράτηση της λατρείας του ύστερα από τη θανάτωση του Πενθέα. Η παρουσία των Σατύρων καθιστά πιθανή την επίδραση της θεατρικής

---

[243] *"Pentheus"*, ό.π., σ.312, εικ.40.

[244] βλ. υποσημ.29.

[245] βλ. *"Pentheus"*, ό.π., σ.312, εικ.41/ *LIMC* VII 2, σ.257, εικ.41.

[246] βλ. *"Pentheus"*, ό.π., σ.312, εικ.42/ *LIMC* VII 2, σ.258, εικ.42.

[247] *"Pentheus"*, ό.π., σ.312, εικ.43/ *LIMC* VII 2, σ.259, εικ.43/ N.Leipen – R.Guy, *Glimpses of excellence: A selection of Greek vases and Bronzes fron the Elie Borowski Collection*, Royal Ontario Museum, Toronto1983, σ.16, v.12.

[248] Τον 3ο μ.Χ. αιώνα ο Οππιανός κάνει λόγο στα *Κυνηγετικά* για τη μεταμόρφωση των Βακχών σε πάνθηρες: *"Pentheus"*, ό.π., σ.312 και υποσημ.185.

[249] *Glimpses of excellence: A selection of Greek vases and Bronzes fron the Elie Borowski Collection*, ό.π., σ.16, v.12.

54

παράστασης[250] και συγκεκριμένα του σατυρικού δράματος, ο χορός του οποίου απαρτιζόταν από Σατύρους.

Σημαντικός είναι και ο αριθμός των παραστάσεων με την Αγαύη, η οποία κρατά το κεφάλι του Πενθέα στα χέρια. Το συγκεκριμένο θέμα διακοσμεί αγγεία πρωιμώτερα και μεταγενέστερα του έργου του Ευριπίδη. Σε ό,τι αφορά τις προγενέστερες των *Βακχών* παραστάσεις, πρέπει να είχαν δεχτεί την επίδραση της φιλολογικής παράδοσης του 6[ου] π.Χ. αιώνα, δηλαδή του *Πενθέως* του Θέσπη και του Αισχύλου[251]. Εκτός από αγγειογραφίες υπάρχουν και απεικονίσεις μεταγενέστερες του δράματος του Ευριπίδη, οι οποίες εντοπίστηκαν σε κοσμήματα, σφραγίδες, ανάγλυφα και ταφικούς βωμούς, όπου είναι οφθαλμοφανής η επίδραση των *Βακχών* πιθανότατα μέσω μεταγενέστερων φιλολογικών πηγών.

Στο μετάλλιο μίας ερυθρόμορφης αττικής αποσπασματικά σωζόμενης κύλικας, η οποία χρονολογείται μεταξύ 430 – 425 π.Χ. (εικ.43)[252], παριστάνεται μια Βάκχη, η Αγαύη, με το κεφάλι του Πενθέα στο αριστερό χέρι και με ξίφος στο δεξί. Ακριβώς πίσω της διακρίνεται άλλη μια Μαινάδα με ξίφος στο δεξί χέρι. Λόγω της πρωιμότητάς της, αυτή η εικονογραφική σύνθεση δε θα μπορούσε να θεωρηθεί εμπνευσμένη από το έργο του Ευριπίδη. Αντιθέτως, είναι αρκετά πιθανό να αντιπροσώπευε τη φιλολογική παράδοση του 6[ου] π.Χ. αιώνα, η οποία δεν άφησε ανεπηρέαστη ούτε την τέχνη, όπως φαίνεται από τη συγκεκριμένη αγγειογραφία, ούτε τον Ευριπίδη, όπως προκύπτει από το χωρίο του κειμένου, στο οποίο γίνεται λόγος για το πως χρησιμοποίησε η Αγαύη το κεφάλι του Πενθέα[253]. Η διαφορά μεταξύ εικονογραφικής σύνθεσης και ευριπίδειου δράματος

---

[250] *Glimpses of excellence: A selection of Greek vases and Bronzes fron the Elie Borowski Collection*, ό.π., σ.16.

[251] βλ. υποσημ.190, 165.

[252] *"Pentheus"*, ό.π., σ.312, εικ.44/ *LIMC* VII 2, σ.259, εικ.44/ *"Iconographie des 'Bacchantes' d' Euripide"*, ό.π., σ.66, ν.154.

[253] βλ. υποσημ.29.

έγκειται στο ότι η γυναίκα δεν έχει απεικονιστεί με το κεφάλι του γιου της τοποθετημένο στο θύρσο της[254].

Η Αγαύη με το κεφάλι του Πενθέα στο ένα χέρι και το ξίφος στο άλλο παριστάνεται και σε άλλα αντικείμενα: Σε ένα χρυσό δαχτυλίδι από τη Συρία του δεύτερου μισού του 5[ου] π.Χ. αιώνα (εικ.44)[255] κυριαρχεί η Αγαύη με το κεφάλι του Πενθέα στο δεξί χέρι και με ξίφος στο αριστερό. Το γεγονός ότι κρατά ξίφος δε συμφωνεί με το κείμενο, στο οποίο μαθαίνουμε ότι οι Βάκχες διαμέλισαν τον Πενθέα με τα χέρια τους[256]. Είναι πιθανό ότι το ξίφος, που επιλέγεται ως όπλο της Αγαύης σε μεγάλο αριθμό παραστάσεων, συμβολίζει την αποτρόπαιη πράξη των Βακχών.

Το ίδιω ακριβώς θέμα διακοσμεί και μια καμπανική σφραγίδα του 1[ου] π.Χ. αιώνα (εικ.45)[257], μια άλλη ρωμαϊκή σφραγίδα από σαρδόνυχα (εικ.46)[258], μια ρωμαϊκή σφραγίδα του 1[ου] μ.Χ. αιώνα (εικ.47)[259] και ένα ρωμαϊκό μαρμάρινο μετάλλιο (εικ.48)[260], το οποίο χρονολογείται από τον 1[ο] π.Χ. μέχρι τον 1[ο] μ.Χ. αιώνα. Στο μετάλλιο υπάρχει και ένας βωμός με φλόγα, ο οποίος πιθανότατα συμβολίζει τη λατρεία του Διονύσου, προς τιμήν του οποίου οι Μαινάδες σκότωσαν τον Πενθέα.

Στις παραπάνω παραστάσεις, οι οποίες είναι αρκετά μεταγενέστερες του έργου του Ευριπίδη και προέρχονται από το χώρο της Ιταλίας, είναι πιθανή η επιρροή λατινικών φιλολογικών πηγών, όπως του Οβιδίου, από τον οποίο πληροφορούμαστε ότι η Αγαύη έκοψε το κεφάλι του Πενθέα και το πήρε στα ματωμένα της χέρια χωρίς, όμως, να χρησιμοποιήσει ξίφος: *Visus ululavit Agaue collaque iactavit*

---

[254] Για αγγειογραφίες παρόμοιες με την προηγούμενη βλ. *Η εικονογραφία των έργων του Ευριπίδη στην τέχνη μέχρι τον 6ο μ.Χ. αιώνα*, ό.π., σ.424.

[255] "Pentheus", ό.π., σ.312, εικ.46/ *LIMC* VII 2, σ.260, εικ.46.

[256] βλ. υποσημ.27, 28.

[257] "Pentheus", ό.π., σ.312, εικ.47/ *LIMC* VII 2, σ.260, εικ.47.

[258] "Pentheus", ό.π., σ.313, εικ.51/ *LIMC* VII 2, σ.260, εικ.51/ H.B.Walters, *Catalogue of the engraved Gems and Cameos, Greek, Etruscan and Roman in the British Museum*, London 1971, v.1629, εικ.22.

[259] "Pentheus", ό.π., σ.313, εικ.52/ *LIMC* VII 2, σ.260, εικ.52.

[260] "Pentheus", ό.π., σ.313, εικ.60/ *LIMC* VII 2, σ.261, εικ.60.

56

movitque per aera crinem avulsumque caput digitis conplexa cruentis clamat [261].

Η Αγαύη με το κεφάλι του Πενθέα τοποθετημένο στην άκρη του θύρσου της έχει απεικονιστεί σε ένα ρωμαϊκό ανάγλυφο από μάρμαρο Προκονήσου, το οποίο χρονολογείται στην εποχή των Σεβήρων, δηλαδή τον 3ο μ.Χ. αιώνα (εικ.49)[262]. Αυτή η παράσταση φαίνεται ότι έχει δεχτεί επίδραση από το κείμενο του Ευριπίδη[263], αλλά επειδή χρονολογείται στον 3ο μ.Χ. αιώνα δεν αποκλείεται η επιρροή του μέσω μεταγενέστερων φιλολογικών πηγών, όπως ο Οβίδιος[264].

Η Αγαύη με θύρσο στο ένα χέρι και το κεφάλι του Πενθέα στο άλλο παριστάνεται σε μία ρωμαϊκή ανάγλυφη λίθινη βάση του 2ου μ.Χ. αιώνα (εικ.50)[265]. Σε αυτό το αντικείμενο η συγκεκριμένη Βάκχη ορχείται εκστατικά[266] κατευθυνόμενη προς ένα βωμό με φλόγα. Όπως ήδη αναφέραμε, είναι αρκετά πιθανό ο βωμός να συμβολίζει τη λατρεία του Διονύσου, η επιθυμία του οποίου οδήγησε στην εξόντωση του Πενθέα. Και σε αυτή την εικονογραφική σύνθεση είναι πιθανή η επίδραση του ευριπίδειου έργου μέσω του Οβιδίου[267], για τους λόγους που αναφέρθηκαν παραπάνω.

Ανάλογη απεικόνιση εντοπίσαμε και στο ρωμαϊκό μαρμάρινο ταφικό βωμό του Terpnus (εικ.51)[268], ο οποίος χρονολογείται στον

[261] Όβίδ. *Met.* III, 725 – 728.
[262] *"Pentheus"*, ό.π., σ.313, εικ.59/ *LIMC* VII 2, σ.261, εικ.59/ S.M.Floriani, *Sculture del foro severiano di Leptis Magna*, L'Erma di Bretschneider, Roma 1974, σσ.147 - 148, εικ.72, 3.
[263] βλ. υποσημ.29.
[264] βλ. υποσημ.261.
[265] *"Pentheus"*, ό.π., σ.313, εικ.55, 58/ *LIMC* VII 2, σ.260, 261, εικ.55, 58/ *"Iconographie des 'Bacchantes' d' Euripide"*, ό.π., v.167/ G.Traversari, *Rilievi Greci e Romani del Mus. Arch. Di Venezia*, Italy 1988, σσ.98 – 101, v.34, εικ.99, 2.
[266] Ο τρόπος που ορχείται παραπέμπει στην τραγική όρχηση, για την οποία κάνει λόγο ο Πολυδεύκης: βλ. υποσημ.72.
[267] βλ. υποσημ.261.
[268] *"Pentheus"*, ό.π., σ.313, εικ.57/ *LIMC* VII 2, σ.261, εικ.57/ M.Pochmarski – Nagele, *Die dionyschen Reliefs in Noricum und ihre Vorbilder*, VWGÖ, Wien 1992, σσ.118 – 120, εικ.29.

πρώιμο 2° μ.Χ. αιώνα. Σε αυτόν η Αγαύη ορχείται εκστατικά[269] με το κεφάλι του Πενθέα στο αριστερό και το θύρσο στο δεξί της χέρι. Και εδώ είναι πιθανή η επίδραση του ευριπίδειου έργου μέσω του Οβιδίου[270].

Στην πλειονότητα των παραστάσεων σε άλλα αντικείμενα εκτός από αγγεία η Αγαύη κρατά το κομμένο κεφάλι του Πενθέα στα χέρια, όπως ακριβώς και στα αγγεία.

Αυτό που παρατηρούμε είναι ότι τα έργα τέχνης, τα οποία συνδέθηκαν με το μύθο του Ιππολύτου και του Πενθέα, προέρχονται ως επί το πλείστον από το χώρο της Κάτω Ιταλίας και της Ρώμης γεγονός σχετιζόμενο με την ίδρυση της αποικίας των Θουρίων το 443 π.Χ. από αθηναίους αποίκους, μεταξύ των οποίων πρέπει να ήταν και αγγειογράφοι, που είχαν εργαστεί σε αθηναϊκά εργαστήρια[271]. Εκτός αυτού, η αθηναϊκή τραγωδία είχε άνθηση σε πολλές περιοχές της Μεγάλης Ελλάδας, όπως η Νάπολη, η Ποσειδωνία (Paestum), το Ρήγιο, ο Κρότωνας, η Σύβαρη και ο Τάραντας, στον οποίο κατά τον 4° π.Χ. αιώνα λειτουργούσε ένα ιδιαίτερα δραστήριο απουλικό εργαστήριο κεραμικής[272]. Δράματα πρέπει να ανεβάζονταν και στο χώρο της Μεγάλης Ελλάδας, όπου υπήρχαν θέατρα[273], τραγικοί ποιητές[274],

---

[269] βλ. υποσημ.72.

[270] βλ. υποσημ.261.

[271] *Pots and Plays: Interactions between Tragedy and Greek Vase – painting of the Fourth Century B.C.*, ό.π., σ.15.

[272] Εκτός από τον Τάραντα, που ήταν το κέντρο του απουλικού εργαστηρίου, δραστήρια κατωιταλιωτικά εργαστήρια κεραμικής εμπνεόμενα στα έργα τους και από την ελληνική μυθολογία λειτουργούσαν στη Λευκανία, στην Ποσειδωνία (Paestum), στην Καμπανία και στη Σικελία: M.Kyle – Jr.Phillips, *"Perseus and Andromeda"*, AJA 72, 1968, σ.8/ *Pots and Plays: Interactions between Tragedy and Greek Vase – painting of the Fourth Century B.C.*, ό.π., σσ.8, 21/ Σύμφωνα με την άποψη του Bellefonds, η αττική τραγωδία είχε εισαγάγει το μύθο του Ιππολύτου στο χώρο της τέχνης, με αποτέλεσμα να ξεκινήσει να απεικονίζεται σε μνημεία από την Κλασική Εποχή (480 – 323 π.Χ.) και έπειτα: *"Hippolytos"*, ό.π., σ.459.

[273] Εννέα θέατρα έχουν έρθει στο φως από την αρχαιολογική έρευνα στην Ιταλία: βλ. *Pots and Plays: Interactions between Tragedy and Greek Vase – painting of the Fourth Century B.C.*, ό.π., σ.9.

58

όπως ο Πατροκλής από τους Θουρίους και υποκριτές, όπως ο Αρι-
στόδημος από το Μεταπόντιο[275]. Σε ό,τι αφορά τον υποκριτή Ιάσονα
από τις Τράλλεις, ο Πλούταρχος παραδίδει ότι παρουσίαζε το ευρι-
πίδειο έργο *Βάκχαι* σε ρωμαϊκό κοινό: *Τραγῳδιῶν δ' ὑποκριτής
Ἰάσων ὄνομα Τραλλιανός ᾖδεν Εὐριπίδου Βακχῶν τά περί τήν
Ἀγαύην*[276].

Η χρονολόγηση του εικονογραφικού υλικού, που παραθέσαμε,
ξεκινά από τον 6ο π.Χ. και φτάνει μέχρι τον 5ο μ.Χ. αιώνα, γεγονός
που φανερώνει την επίδραση όχι μόνο των ευριπίδειων δραμάτων,
αλλά και της προγενέστερης (Θέσπης, Αισχύλος) και μεταγενέστε-
ρης (Απολλόδωρος, Οβίδιος, Βιργίλιος, Σενέκας, Παυσανίας, Υγί-
νος) φιλολογικής παράδοσης, η οποία σχετιζόταν με το μύθο του Ιπ-
πολύτου και του Πενθέα. Οι τόποι προέλευσης των σχολιασμένων
έργων τέχνης δεν είναι μόνο η Κάτω Ιταλία και η Ρώμη, αλλά και η
Αττική, ο τόπος γένεσης της τραγωδίας, καθώς και η Αντιόχεια, η
Συρία και η Ismaïa, περιοχές στις οποίες προφανώς είχε διαδοθεί ο
μύθος των δύο ηρώων.

---

[274] Ἀριστοφ. Πλ. 84/ *Pots and Plays: Interactions between Tragedy and Greek
Vase – painting of the Fourth Century B.C.,* ό.π., σ.10.

[275] *Pots and Plays: Interactions between Tragedy and Greek Vase – painting of
the Fourth Century B.C.,* ό.π., σ.10, υποσημ.46.

[276] Πλουτ. *Κράσσ.* 33/ *"Pentheus",* ό.π., σ.306.

Β΄ ΜΕΡΟΣ

Summary

Two heroes of Euripides, Hippolytos, who hates wedding, love and Aphrodite, and Pentheus, who refuses to accept the worship of the new god, Dionysus, have influenced significantly the art of the antiquity. Scenes connected with their lives decorate vases, sarcophagus, mosaics, frescoes, urns, reliefs, seals, marble statues, medals, stone bases and burial altars. The previous works of art are dated from the 6th century B.C. to the 5th century A.D. and have accepted the effect of *Hippolytos,* of *Bacchai,* of preceding and of subsequent literary sources. Most of those works of art have been discovered in Magna Graecia and in Rome. Their provenance connects them with the foundation of the colony of Thourioi by the Athenians in 443 B.C., with the spread of the Athenian tragedy to many places of Magna Graecia and with the existence of theatres, tragic poets and actors in Magna Graecia. Finally, some of those works of art have been found in Attica, the birthplace of tragedy and in remote places, such as Antioch, Syria and Ismaïa, where the myth of the two heroes must have been diffused.

ΒΙΒΛΙΟΓΡΑΦΙΑ

Andreae B.: *Motivgeschichtliche Untersuchungen zu den römischen Schlachtsarkophagen*, Mann, Berlin 1956.

Archer W.C.: *The Paintings of the Casa dei Vetii in Pompei*, Italia 1981.

Arias E.: *Camposanto Monumentale di Pisa. Le Antichità*, Italy 1977.

Bazant J. – Berger – Doer G.: *"Pentheus"*, *LIMC* VII 1, 2, Artemis Verlag, Zürich und München 1994.

Beazley J.D.: *Attic Red – figure Vase – painters*, τ.I – III, Clarendon Press, Oxford 1963.

Bellefonds P. L. de: *Sarcophages attiques de la nécropole de Tyr. Une étude iconographique*, Editions recherché sur les civilizations, Paris 1985.

Bellefonds P. L. de: *"Hippolytos"*, *LIMC* V 1, 2, Artemis Verlag, Zürich und München 1990.

Bloesch H.: *Das Tier in der Antike*, Germany 1974.

Brommer F.: *Vasenlisten zur griechischen Heldensage*, Elwert, Marburg 1973.

Brunn – Körte H. von: *I rilievi delle urne etrusche, pubblicati a nome dell' Instituto di Corrispondenza Archeologica*, τ.II, 1, coi tipi del Salviucci, Roma 1870.

Comstock M.B. – Vermeule C.C.: *Sculpture in Stone: The Greek, Roman and Etruscan collection of the Museum of Fine Arts*, Museum of Fine Arts, Boston 1976.

Croisille J.M.: *Poésie et art figuré de Néron aux Flaviens: Recherches sur l' iconographie et la correspondance des arts à l'époque impériale*, Latomus, Bruxelles 1982.

Curtius L.: *"Pentheus"*, *BerlWPr* 88, 1929, σσ.8 – 19, εικ.2 – 6.

Drougou S.: *Der attische Psykter*, Triltsch, Würtzburg 1975.

Floriani S.M.: *Sculture del foro severiano di Leptis Magna*, L'Erma di Bretschneider, Roma 1974.

62

Furtwaengler A.: *Beschreibung der Vasensammlung in Antiquarium*, τ.II, Berlin 1885.

Hartwig P.: *"Der Tod des Pentheus"*, JdI 7, 1892, σσ.157 - 158, εικ.5.

Haupt G.: *Commentationes archaeologicae in Aeschyle*, Halis Saxonum 1896.

Huddilston J.H.: *Greek tragedy in the light of vase paintings*, Macmillan, London 1898.

Jahn O.: *Pentheus und die Mainaden*, Germany 1841.

Κακριδής Ι.Θ.: *Ελληνική Μυθολογία, Οι ήρωες*, Εκδοτική Αθηνών, Αθήνα 1986.

Kalkmann A.: *"Hippolytos"* AZ XLI, 1883, σ.48 κ.ε.

Koch G. – Sichtermann H.: *Römische Sarkophage*, Beck, München 1982.

Koerte G.: *I rilievi delle urne etrusche*, τ. II, Berlino 1890 – 1916.

Kyle M. – Phillips Jr.: *"Perseus and Andromeda"*, AJA 72, 1968, σ.8.

Leipen N. – Guy R.: *Glimpses of excellence: A selection of Greek vases and Bronzes from the Elie Borowski Collection*, Royal Ontario Museum, Toronto 1983.

Levi D.: *Antioch Mosaic Pavements*, USA 1967.

March J.: *"Euripides' Bakchai: A reconsideration in the light of vase – paintings"*, BICS 36, 1989, σσ.36, 37, 50, εικ.1 a, b, c, εικ.2 b, c, εικ.4.

Μιμίδου Ε.: «*Η αποκάλυψη του μυστικού της Φαίδρας στον Ιππόλυτο: Η επίδραση του συγκεκριμένου θέματος στην τέχνη*», Επιστημονική Επετηρίς της Φιλοσοφικής Σχολής του Πανεπιστημίου Αθηνών, ΤΟΜ. Μ', Αθήνα 2009, σσ.181 – 186.

Μιμίδου Ε.: *Η εικονογραφία των έργων του Ευριπίδη στην τέχνη μέχρι τον 6ο μ.Χ. αιώνα*, Αθήνα 2009 (Διδακτορική διατριβή).

Moret J.M.: *"L' 'Apollinisation' de l' imagerie légendaire à Athènes dans la seconde moitié du 5e siècle"*, RA 1, 1982, σσ.117 - 118, κατ.5.

Pfuhl E.: *Malerei und Zeichnung der Griechen*, τ.II, F.Bruckmann a.g., München 1923.

Pochmarski – Nagele M.: *Die dionyschen Reliefs in Noricum und ihre Vorbilder*, VWGÖ, Wien 1992.

Radt S.: *Tragicorum Graecorum Fragmenta*, τ.3, Vandenhoeck und Ruprecht, Göttingen 1985.

Reinach S.: *Répertoire de Peintures Grecques et Romaines*, E.Leroux, Paris 1922.

Philippart H.: *"Iconographie des 'Bacchantes' d' Euripide"*, *RBPhil* 9, 1930, σσ.51 - 52, 54, 59, 60, 61, 66, v.132, εικ.7 b, v.137, εικ.7 a, v.143, εικ.9 a, v.145, v.154, v.167.

Ribbeck O.: *Scaenicae Romanorum poesis Fragmenta*, τ.Ι, in aedibus B.G.Teubneri, Lipsiae 1897 – 1898.

Richter G.M.A.: *"Calenian pottery and classical Greek metalware"*, *AJA* 63, 1959, σ.245, εικ.55, 39.

Robert C.: *Die antiken Sarkophagreliefs*, τ.III, IV, G.Grote, Germany 1897.

Robert C.: *Archaeologische Hermeneutik: Anleitung zur Deutung Klassischer Bildwerke*, Weidmann, Berlin 1919.

Schefold K.: *Die Wände Pompejis: Topographisches ver zeichnis der Bildmotive*, Walter de Gruyter and Co., Berlin 1957.

Séchan L.: *Études sur la tragédie grecque dans ses rapports avec la céramique*, Librairie honoré champion, éditeur 7, Quai Malaquais, Paris 1967.

Sichtermann H. – Koch G.: *Griechische Mythen auf Römischen Sarkophagen*, E.Wasmuth, Tübingen 1975.

Snell B.: *Tragicorum Graecorum Fragmenta*, τ.1, Vandenhoeck und Ruprecht, Göttingen 1986.

Talfourd E.: *"Pompeian Paintings"*, *JHS* VXI, 1896, σσ.151 – 153, εικ.3.

Taplin O.: *Pots and Plays: Interactions between Tragedy and Greek Vase – painting of the Fourth Century B.C.*, The J. Paul Getty Museum, Los Angeles 2007.

Tomasello E.: *"Rappresentazioni figurate del mito di Penteo"*, *Sic. Gym.* 11, 1958, σσ.232 – 236, εικ.9, 11.

Toynbee J.M.C. – Perkins A.: *The Shrine of St.Peter and Vatican excavations*, London Longmans Green, New York 1956.

Traversari G.: *Rilievi Greci e Romani del Mus. Arch. Di Venezia*, Italy 1988.

Trendall A.D.: *The Red – figured Vases of Lucania, Campania and Sicily*, τ.Ι, Clarendon Press, Oxford 1967.

Trendall A.D. – Webster T.B.L.: *Illustrations of Greek Drama*, Phaidon Press, London 1971.

Trendall A.D. – Cambitoglou A.: *The Red – Figured Vases of Apulia*, τ.II, Clarendon Press, Oxford 1978.

Walters H.B.: *Catalogue of the engraved Gems and Cameos, Greek, Etruscan and Roman in the British Museum,* London 1971.

Webster T.B.L.: *"Monuments illustrating Tragedy and Satyr – play",* BICS Suppl.20, 1967, σ.128, TV 44.

Weitzmann K.: *"Euripides scenes in Byzantine Art",* Hesperia 18, 1949, σσ.193 - 195, εικ.30, 21, 22, εικ.30, 18.

ΣΥΝΤΟΜΟΓΡΑΦΙΕΣ

AJA : American Journal of Archaeology

AZ : Archäologische Zeitung

BerlWPr : Berliner Winckelmannsprogramm

BICS : Bulletin of the Institute of Classical Studies

Hesperia : Hesperia. Journal of the American School of Classical Studies

JdI : Jahrbuch des deutschen archäologischen Instituts

JHS : Journal of Hellenic Studies

LIMC : Lexicon Iconographicum Mythologiae Classicae

RA : Revue Archéologique

RBPhil : Revue Belge de Philologie et d' Histoire

Sic. Gym. : Siculorum Gymnasium

ΕΙΚΟΝΕΣ

Εικόνα 1:   Ρωμαϊκή σαρκοφάγος του 180 – 190 μ.Χ., Pise, Camposanto (*LIMC* V 2, σ.316, εικ.9 a, b).

Εικόνα 2:   Αττική σαρκοφάγος του δεύτερου τέταρτου του 3ου μ.Χ. αιώνα, Agrigento, Duomo (*LIMC* V 2, σ.316, εικ.10).

68

Εικόνα 3:   Αττική σαρκοφάγος του τρίτου τέταρτου του $2^{ου}$ μ.Χ. αιώνα, Tyr
447, Istanbul 125 (Bellefonds, 1985, σσ.127 - 128, εικ.45).

Εικόνα 4:   Μωσαϊκό δάπεδο από την Αντιόχεια των μέσων του $5^{ου}$ μ.Χ.
αιώνα, Antakya, Mus. Hatay 1016 (*LIMC* V 2, σ.316, εικ.8).

Εικόνα 5:   Ρωμαϊκή σφραγίδα του 1ου μ.Χ. αιώνα, Βιέννη, Kunsthist.Mus.
IX 1919 (*LIMC* V 2, σ.317, εικ.19).

Εικόνα 6 α, β: Ρωμαϊκές σαρκοφάγοι των αρχών του 3ου μ.Χ. αιώνα, Ρώμη,
Λατερανό 249 Κ και Φλωρεντία, Uffizi (Weitzmann, *Hesperia*
18, 1949, σσ.194 – 195, εικ.30, 21, 22).

Εικόνα 7:   Κατεστραμμένη τοιχογραφία από την Πομπηία του τρίτου στυλ, δηλαδή του 1ου μ.Χ. αιώνα, Πομπηία IX i, 22 (*LIMC* V 1, σ.450, εικ.41).

Εικόνα 8:   Μωσαϊκό από την Αντιόχεια των μέσων του 2ου μ.Χ. αιώνα, Mus. Hatay 1018 (*LIMC* V 2, σ.319, εικ.48).

Εικόνα 9:   Ρωμαϊκή τοιχογραφία της εποχής του Νέρωνα, Ρώμη, Domus
Aurea (*LIMC* V 1, σ.450, εικ.42).

Εικόνα 10:   Σαρκοφάγος από τη Λιβύη του 3^{ου} μ.Χ. αιώνα, Istanbul, Mus.
Arch. 508 (*LIMC* V 2, σ.320, εικ.54).

Εικόνα 11: Αττική σαρκοφάγος του δεύτερου τέταρτου του 3^{ου} μ.Χ. αιώνα, Tyr 336 (*LIMC* V 2, σ.323, εικ.86).

Εικόνα 12: Αττική σαρκοφάγος του δεύτερου τέταρτου του 3^{ου} μ.Χ. αιώνα, Agrigento, Duomo (*LIMC* V 2, σ.324, εικ.87).

Εικόνα 13:   Ενεπίγραφο μωσαϊκό από την Ismaïha του 4^{ου} μ.Χ. αιώνα, Is-
maïha, Mus. 2401 (*LIMC* V 2, σ.320, εικ.49).

Εικόνα 14:   Σικελικός ερυθρόμορφος καλυκόσχημος κρατήρας του δεύτερου
τέταρτου του 5^{ου} π.Χ. αιώνα, Lipari, inv. 340 bis, του «Ζωγράφου
του Μάρωνα» (Trendall – Webster, 1971, σσ.88 - 89, εικ.ΙΙΙ 3,
23).

Εικόνα 15:   Απουλικός ερυθρόμορφος ελικωτός κρατήρας του τρίτου τέταρτου του 4^{ου} π.Χ. αιώνα, Λονδίνο, ΒΜ F 279, του «Ζωγράφου του Δαρείου» (*LIMC* V 2, σ.325, εικ.105).

Εικόνα 16:   Απουλικός αμφορέας του 4^{ου} π.Χ. αιώνα από τη Ceglie, Μουσείο Βερολίνου (Séchan, 1967, σσ.337 – 339, εικ.100).

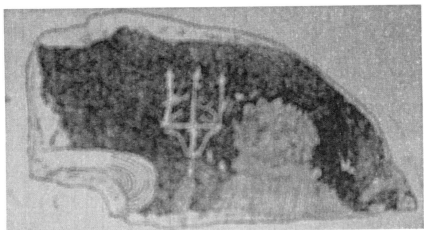

Εικόνα 17:   Θραύσμα απουλικού αμφορέα του 4^{ου} π.Χ. αιώνα, Μουσείο του πανεπιστημίου της Χάγης (Séchan, 1967, σ.339, εικ.101).

Εικόνα 18:   Θραύσμα ερυθρόμορφου απουλικού κρατήρα του 370 π.Χ., Bâle, coll. Cahn HC 237 (*LIMC* V 2, σ.325, εικ.101).

Εικόνα 19:   Ετρουσκική αλαβάστρινη τεφροδόχος κύστη του 2^{ου} μ.Χ. αιώνα,
Chiusi, Mus. 526 (*LIMC* V 2, σ.326, εικ.107).

Εικόνα 20:   Σαρκοφάγος από αττικό μάρμαρο του 3^{ου} μ.Χ. αιώνα, Tyr 330
(*LIMC* V 2, σ.327, εικ.118).

Εικόνα 21: Αττική ερυθρόμορφη πυξίδα του τέλους του 5^{ου} π.Χ. αιώνα, Ehem. Heidelberg Privatslg. (*LIMC* VII 1, σ.308, εικ.1).

Εικόνα 22: Ερυθρόμορφη λευκανική υδρία του 370/360 π.Χ., München, Antikenslg. 3267, της «Ομάδας του Ζωγράφου της Ιλίου Πέρσεως» (*LIMC* VII 2, σ.250, εικ.2).

Εικόνα 23: Απουλική ερυθρόμορφη οινοχόη του δεύτερου τέταρτου του 4^{ου} π.Χ. αιώνα, Sydney, Nicholson Mus. 73.02, της «Ομάδας του Ζωγράφου της Ιλίου Πέρσεως» (*LIMC* VII 2, σ.251, εικ.9).

Εικόνα 24:   Απουλική ερυθρόμορφη κύστη από το Ruvo του 360/350 π.Χ.,
Ruvo, Jatta Mus. J 1617 (*LIMC* VII 2, σ.251, εικ.10).

Εικόνα 25:   Απουλικός ερυθρόμορφος ελικωτός κρατήρας του 360/350 π.Χ.,
New York, MMA 19.192.81, 2, 8, της «Ομάδας του Ζωγράφου
της καλπίδας του Δουβλίνου» (*LIMC* VII 2, σ.251, εικ.11).

Εικόνα 26:   Απουλική ερυθρόμορφη κύστη του 340/330 π.Χ., Λονδίνο (ε-
μπόριο τέχνης), του «Ζωγράφου της καλπίδας του Δουβλίνου»
(*LIMC* VII 2, σ.252, εικ.12).

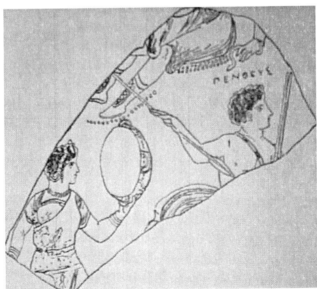

Εικόνα 27:   Απουλικό ερυθρόμορφο θραύσμα από αγγείο του 360 π.Χ., Συλ-
λογή Minervini, σήμερα χαμένο (*LIMC* VII 1, σ.309, εικ.13).

Εικόνα 28:   Ερυθρόμορφος απουλικός κωδωνόσχημος κρατήρας του οποίου η χρονολόγηση δε δίνεται, Lecce, Mus.638 (*LIMC* VII 2, σ.250, εικ.3).

Εικόνα 29:   Ρωμαϊκό σύμπλεγμα από μάρμαρο του 3^{ου} μ.Χ. αιώνα, Βατικανό, Mus. Greg. Prof. (*LIMC* VII 2, σ.250, εικ.5).

Εικόνα 30: Ρωμαϊκό μωσαϊκό δάπεδο του 300 μ.Χ., Ρώμη, Άγιος Πέτρος
(*LIMC* VII 2, σ.250, εικ.4).

Εικόνα 31: Αποσπασματικά σωζόμενος ενεπίγραφος αττικός ψυκτήρας του
520 – 510 π.Χ., Βοστόνη, MFA 10.221 a – f, του Ευφρονίου
(*LIMC* VII 2, σ.256, εικ.39).

82

Εικόνα 32: Κατωιταλιωτικό ανάγλυφο αγγείο του 3^{ου} π.Χ. αιώνα, Πανεπι-
στήμιο Χαϊδελβέργης (*LIMC* VII 2, σ.252, εικ.17 b).

Εικόνα 33: Μετάλλιο αργυρής κύλικας του 150 π.Χ., Genf, ιδιωτική συλλο-
γή (*LIMC* VII 2, σ.254, εικ.27).

Εικόνα 34: Θραύσμα από γαλλορρω-μαϊκό αγγείο των μέσων του $1^{ου}$ μ.Χ. αιώνα, Λυόν, Mus. Arch. (*LIMC* VII 2, σ.255, εικ.29).

Εικόνα 35: Ρωμαϊκή ανάγλυ-φη πελίκη των μέσων του $3^{ου}$ μ.Χ. αιώνα, Slg. K. Löffler N 112 (*LIMC* VII 1, σ.311, εικ.38).

84

Εικόνα 36:   Ρωμαϊκό ανάγλυφο από μάρμαρο του 165 – 170 μ.Χ., Ρώμη, Pal.
Giustiniani (*LIMC* VII 1, σ.311, εικ.31).

Εικόνα 37:   Τοιχογραφία από την «οικία των Vettii» στην Πομπηία του 70
μ.Χ., Πομπηία VI 15, 1 (*LIMC* VII 2, σ.255, εικ.28).

Εικόνα 38:   Κάλυμμα ρωμαϊκής σαρκοφάγου του 165 – 170 μ.Χ., Pisa, Camposanto 14 (*LIMC* VII 2, σ.255, εικ.30).

Εικόνα 39:   Ρωμαϊκή τεφροδόχος κάλπη του 180 – 220 μ.Χ., Βοστόνη, MFA 1972.356 (*LIMC* VII 2, σ.255, εικ.34).

Εικόνα 40:   Χάλκινη κύστη από την Πραινεστό των μέσων του 3^{ου} μ.Χ. αιώ-
να, Σικάγο, Field Mus. of Nat. Hist. 25034 (*LIMC* VII 1, σ.309,
εικ.19).

Εικόνα 41:   Ερυθρόμορφη αττική υδρία του 500 π.Χ., Βερολίνο, Staatl. Mus.
1966.18 (*LIMC* VII 2, σ.257, εικ.40).

Εικόνα 42: Ερυθρόμορφη αττική κύλικα του 480 π.Χ., Τορόντο, συλλογή E.Borowski, του «Ζωγράφου του Δούριδος» (*LIMC* VII 2, σ.259, εικ.43).

Εικόνα 43: Μετάλλιο μίας ερυθρόμορφης αττικής αποσπασματικά σωζόμενης κύλικας του 430 – 425 π.Χ., Ρώμη, Villa Giulia 2268 (*LIMC* VII 2, σ.259, εικ.44).

Εικόνα 44: Χρυσό δαχτυλίδι από τη Συρία του δεύτερου μισού του 5^{ου} π.Χ. αιώνα, Παρίσι, Cab. Méd. 521 (*LIMC* VII 2, σ.260, εικ.46).

Εικόνα 45: Καμπανική σφραγίδα του 1^{ου} π.Χ. αιώνα, Νέα Υόρκη, ΜΜΑ 41.160.499 (*LIMC* VII 2, σ.260, εικ.47).

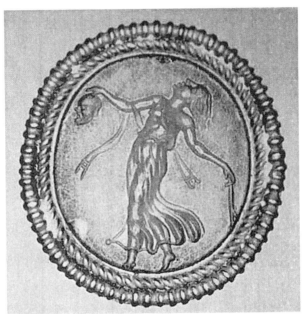

Εικόνα 46:   Ρωμαϊκή σφραγίδα από σαρδόνυχα, Λονδίνο, ΒΜ 1629 (*LIMC* VII 2, σ.260, εικ.51).

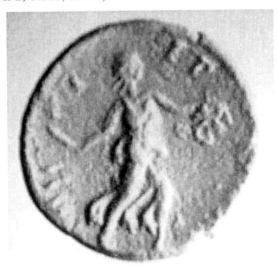

Εικόνα 47:   Ρωμαϊκή σφραγίδα του 1ου μ.Χ. αιώνα, Amastris (*LIMC* VII 2, σ.260, εικ.52).

Εικόνα 48: Ρωμαϊκό μαρμάρινο μετάλλιο, το οποίο χρονολογείται από τον 1ο π.Χ. μέχρι τον 1ο μ.Χ. αιώνα, Βερολίνο, Schloss Tegel, EA 2995 (*LIMC* VII 2, σ.261, εικ.60).

Εικόνα 49: Ρωμαϊκό ανάγλυφο από μάρμαρο Προκονήσου, το οποίο χρονολογείται στην εποχή των Σεβήρων, δηλαδή τον 3ο μ.Χ. αιώνα, Leptis magna (*LIMC* VII 2, σ.261, εικ.59).

Εικόνα 50: Ρωμαϊκή ανάγλυφη λίθινη βάση του 2ου μ.Χ. αιώνα, Venedig, Mus. Arch. 22, συλλογή Grimani, Λονδίνο, BM 2508 (*LIMC* VII 2, σ.260, εικ.55).

Εικόνα 51: Ρωμαϊκός μαρμάρινος ταφικός βωμός του Terpnus, Φλωρεντία, Uffizi 949 (*LIMC* VII 2, σ.261, εικ.57).